Vegetarisches Kochbuch für Anfänger und Berufstätige

150 leckere, schnelle und einfache vegetarische Rezepte für die ganze Familie. Vegetarische Ernährung leicht gemacht! Inkl. Nährwertangaben

Katharina Janssen, Sophia Fröhlich

2. Auflage 2021

ISBN: 978-3-949355-37-0

Inhaltsverzeichnis

Vorwort

Liebe Leserinnen und Leser,
es freut uns sehr, dass Sie sich für unser vegetarisches Rezeptbuch entschieden haben.
Kaum ein Ernährungstrend hat einen so steilen Weg nach oben hinter sich wie die vegetarische Küche. Die fleischlose Ernährung hat sich längst vom „Rohkost-Image" befreit und überzeugt stattdessen mit raffinierten, geschmackvollen Gerichten, überraschenden Würznoten und einem ausgezeichneten Sättigungseffekt. Mit Verzicht hat die vegetarische Ernährung absolut nichts zu tun, im Gegenteil: Diese kulinarische Ernährungsrichtung punktet mit Geschmack und einer optimalen Nährstoffversorgung.

Die oftmals angebrachten Befürchtungen, dass dem Organismus ohne Fleisch, Wurst und Fisch, lebensnotwendige Nährstoffe fehlen würden, sind aus heutiger wissenschaftlicher Sicht absolut nicht haltbar. Wer seinen täglichen Speiseplan abwechslungsreich und bunt gestaltet, muss sich um die Nähr- und Vitalstoffversorgung überhaupt keine Gedanken machen. Die vegetarische Ernährung stellt in der Regel eine ideale Bedarfsdeckung mit Vitamin B12, Eiweiß, Eisen und sonstigen essenziellen Mineralien sicher.

Des Weiteren erfreuen sich Menschen, die sich pflanzenbasiert ernähren, im Allgemeinen einer besseren Gesundheit. Sie haben auch bessere Werte im Rahmen medizinischer Untersuchungen, so zum Beispiel, wenn es um den Cholesterinwert geht. Es gibt einen Zusammenhang zwischen einer fleischlosen Ernährungsweise und einem Plus an Gesundheit: Auch dazu können Sie in unserem umfangreichen Ratgeber mehr erfahren.

Doch für viele Menschen sind es gar nicht die gesundheitlichen Vorteile, die sie dazu bewegen, sich für eine reine Pflanzenkost zu entscheiden! Vielmehr sind es ethische und moralische Beweggründe, die sie zum Vegetarier werden lassen. Von der massiven Umweltbelastung, über die Missstände in der Massentierhaltung bis hin zum unsachgemäßen Einsatz von Antibiotika gibt es viele verschiedene Gründe für den Verzicht auf Fleisch!

Die Namensbezeichnung „vegetarisch" stammt aus dem Lateinischen: „Vegetare" bedeutet übersetzt ins Deutsche „beleben" beziehungsweise „frisch". Somit steht die vegetarische Ernährung für eine frische und zutiefst lebendige Ernährungsweise. Davon dürfen Sie sich auch in diesem

Buch überzeugen, denn es erwarten Sie 150 abwechslungsreiche, frische und richtig köstliche Veggie-Rezepte.

Wir laden Sie herzlich ein, dieses vitaminreiche und bewusste Ernährungskonzept näher kennenzulernen. Bei der Umsetzung ist es wichtig, richtig einzukaufen, die Lebensmittel schonend aufzubewahren und richtig zu kochen, denn auf diese Weise kann die maximale Nährstofffülle erhalten bleiben. Durch die richtigen Nahrungsmittelkombinationen sorgen Sie zudem für eine optimale Bio-Verfügbarkeit vieler essenzieller Mikronährstoffe, wie etwa Eisen.

Für den Kauf dieses Buches haben wir für Sie noch ein kleines Dankeschön vorbereitet, nämlich einen **kostenlosen eBook-Ratgeber** zum Thema „gesunde Ernährung". Dieser Ratgeber ist die perfekte Ergänzung zu diesem Kochbuch. Seien Sie gerne gespannt und erfahren Sie im nächsten Kapitel mehr darüber.

Übrigens haben wir für Sie auch einen weiteren Bonus bereitgestellt: In diesem Buch finden Sie **Rezeptvorlagen**, in denen Sie Ihre eigenen Kreationen festhalten können. So haben Sie jederzeit Ihr absolutes Lieblingsrezept dabei.
Zudem finden Sie am Ende des Buches noch einen **14-tägigen Ernährungsplan**, der Sie bei den ersten Schritten in die vegetarische Ernährungsweise unterstützen und leiten soll. Eine ausführlichere Erklärung finden Sie in dem dafür vorgesehenen Kapitel.

Wir möchten Sie hier aber kurz an dieser Stelle einmal darauf hinweisen, dass Sie die Möglichkeit haben, uns bei Fragen, Anregungen, Lob und Kritik, eine E-Mail zu schreiben. Wir sind bemüht, Ihnen schnellstmöglich zu antworten. Wir danken Ihnen für Ihre Unterstützung!

So wünschen wir Ihnen nun viel Freude beim Lesen und natürlich ein gutes Gelingen beim Nachkochen der Rezepte!

Falls Sie auf der Suche nach weiteren Rezeptbüchern mit vielen wertvollen Informationen und neuen Rezepten sind, dann werfen Sie doch einmal einen Blick in das Kapitel „Weitere Kochbücher der Autorinnen" am Ende des Buches. Vielleicht ist ein passendes Buch für Sie dabei!

Ihr kostenloses Geschenk!

Wie versprochen, haben wir an dieser Stelle eine kleine Überraschung für Sie vorbereitet, nämlich einen **kostenlosen eBook-Ratgeber** zum Thema „gesunde Ernährung“.
Klicken Sie einfach auf den folgenden Link (oder tippen Sie den Link in die Adresszeile Ihres Browsers ein) um direkt zum Ratgeber zu gelangen.

Sichern Sie sich jetzt Ihr kostenloses Geschenk: **www.zumBonus.de/b11**

<u>Hinweis</u>: Durch Eingabe des obenstehenden Links gelangen Sie zu unserer Webseite.

Eine gesunde Ernährung...

- fördert Ihr Wohlbefinden und steigert dadurch auch Ihre Lebensqualität
- verbessert Ihren Schlaf
- trägt zu einem reinen und strahlenden Hauterscheinungsbild bei
- schmeckt richtig köstlich
- trägt zu einem aktiven, fitten und glücklichen Leben bei!

Wir wünschen Ihnen viel Freude beim Lesen!

Vegetarische Ernährung

Die vegetarische Ernährung liegt hoch im Trend: In unserem Land leben mittlerweile rund sieben Millionen Menschen, die sich rein pflanzenbasiert ernähren. Das entspricht ungefähr 8 bis 9 % der Landesbevölkerung.
Im Rahmen dieses Ernährungskonzeptes wird bewusst auf Fleisch, Fisch, Geflügel und Wurstwaren verzichtet. Auch Rinder- und Hühnerbrühe sind kein Bestandteil des Veggie-Speiseplans. Vegetarisch lebende Menschen verzichten zudem auch auf jegliche Aromen und Zusatzstoffe auf tierischer Basis, so auch auf Schmalz oder Gelatine.

Doch Vegetarier ist nicht gleich Vegetarier: Es gibt verschiedene Formen des Vegetarismus. Je nachdem für welche Variante man sich entscheidet, sind sogar Eier, Milch, Milchprodukte und Honig erlaubt.

Eine vegetarische Ernährung ist prinzipiell ganz bedenkenlos möglich. Wissenschaftliche Untersuchungen haben sogar gezeigt, dass Vegetarier ein höheres Lebensalter erreichen können als der Durchschnittsbürger, denn sie ernähren sich besser, leben aber auch meistens gesünder und bewusster. So trinken sie beispielswiese weniger Alkohol und konsumieren auch weniger Nikotin.

In vielen Ländern dieser Erde gehört die vegetarische Küche zur Hauptenährungsform – insbesondere in Indien. Hier möchten wir Sie nun tiefer in diese Ernährungs- und Lebensweise einführen.

Die unterschiedlichen Formen des Vegetarismus

Vegetarier ist nicht gleich Vegetarier! Der eine verzichtet auf Fleisch und Fisch, während der Nächste komplett Produkte tierischen Ursprungs vom täglichen Speiseplan streicht. Andere wiederum gönnen sich hin und wieder ein frisches Fischfilet. Es gibt eine bunte Vielfalt an Vegetariern und unterschiedliche Formen des Vegetarismus.

Veganer

Diese Gruppe ernährt sich ausschließlich pflanzlich. Sie lehnen alle Produkte ab, die von Tieren stammen – und das nicht nur im Nahrungsmittelbereich, sondern auch in puncto Bekleidung und Stoffe. Selbst bei Kosmetikprodukten achten Veganer darauf, dass sie ohne Tierversuche produziert werden.

Pescetarier

Diese Gruppe bezeichnet Vegetarier, die sich auch von Fisch ernähren.

Flexitarier

Diese Gruppe ernährt sich größtenteils vegetarisch, sie essen aber auch ab und zu Fisch oder Fleisch. Wenn sie das tun, achten diese Menschen aber auf eine sehr gute Produktqualität und eine sehr gute Tierhaltung.

Rohkost-Gruppe

Diese Personen ernähren sich vollständig aus reiner Rohkost. Diese kann omnivor, vegetarisch oder auch vegan sein. Entscheidend ist bei dieser Gruppe nur, dass das Essen nicht hitzebehandelt wird.

Ovo-Vegetarier

Diese Gruppe ernährt sich auf rein pflanzlicher Basis. Zudem sind aber noch Eier erlaubt, daher auch die Bezeichnung „Ovo", abgeleitet vom Wort „ovum", das aus der lateinischen Sprache stammt und übersetzt „Ei" bedeutet. Auch Produkte, die aus Eiern hergestellt werden, sind erlaubt.

Lacto-Vegetarier

Diese Gruppe lehnt Fisch, Fleisch und daraus hergestellte Produkte ab. Hingegen sind Milch und Milchprodukte im Ernährungsplan erlaubt. „Lacto" kommt ebenfalls aus dem Lateinischen und bedeutet übersetzt „Milch".
Bei dieser Gruppe sind also auch Butter und Honig erlaubt.

Auf Eier wird hingegen konsequent verzichtet, ganz egal ob frisch oder in Form von Teigwaren wie Nudeln oder Kuchen und Soßen.

Ovo-Lacto-Vegetarier

Sie verzichten auf Fisch, Fleisch und daraus hergestellte Produkte.
Allerdings essen Ovo-Lacto-Vegetarier Eier, Milch und Milchprodukte.
D.h. pflanzliche Kost wie zum Beispiel Gemüse, Kartoffeln, Reis, Nudeln, Hülsenfrüchte und Obst sind ein zentraler Bestandteil des täglichen Speiseplans. Zudem werden tierische Produkte von lebenden Nutztieren verzehrt, so eben Milch und Milchprodukte wie Joghurt, Käse, Butter, Sahne, Quark, Eier und auch Honig.
Die meisten vegetarisch lebenden Menschen in Deutschland sind Ovo-Lacto-Vegetarier.

Ab jetzt fleischlos! – Die Vorteile einer Veggie-Ernährung

Fitter, bewusster, schlanker und einfach gesünder?
Es gibt viele verschiedene Gründe, weshalb sich Menschen für eine vegetarische Ernährung entscheiden. Sie reichen von gesundheitlich Motiven

über religiösen bis hin zu moralisch-ethischen Gründen wie zum Beispiel dem Umweltschutz oder dem Tierwohl.

Fakt ist, dass zwischenzeitlich viele wissenschaftliche Studien belegen konnten, dass Vegetarier im Allgemeinen gesünder sind.
Wer komplett oder zumindest größtenteils auf Fleisch und Fleischerzeugnisse verzichtet, hat einen regulierten Blutdruck und gesündere Blutfett- sowie Blutzuckerwerte. Die daraus erwachsenden Konsequenzen sind durchweg positiv, denn vegetarisch lebende Menschen leiden deutlich seltener an Erkrankungen wie Herz-Kreislauf-Beschwerden, Diabetes oder Darmkrebs. Auch Arteriosklerose lässt sich bei Vegetariern kaum diagnostizieren.

Ein Grund für diesen gesundheitlichen Effekt könnte die ungesättigte Fettsäure „Arachidonsäure" sein, die in Fleisch enthalten ist. Reichert sich im menschlichen Körper eine zu hohe Menge davon an, kann es zu internen Entzündungsvorgängen kommen. Diese Entzündungsprozesse begünstigen wiederum die Entstehung von Arteriosklerose, eine Gefäßerkrankung, die zur Verhärtung und Verengung der Blutgefäße führt. Diese Erkrankung erhöht zudem das Herzinfarkt- und Schlaganfallrisiko.

In Fleisch findet sich noch ein weiterer Stoff, der mit großer Vorsicht genossen werden sollte, nämlich Purine. Sie werden in unserem Körper zu Harnsäure abgebaut. Reichert sich davon eine zu hohe Menge an, lagert sie sich in Form von Kristallen im Gewebe sowie in den Gelenken an. Infolgedessen kann es zu Gicht-Erkrankungen kommen.

Vegetarier leben häufig bewusster

Man könnte also durchaus sagen, dass ein abwechslungsreiches und pflanzenbasiertes Essverhalten wie eine „natürliche Medizin aus der Küche" wirkt.
Es werden im Allgemeinen weniger Kalorien aufgenommen und gleichzeitig kann ein gesünderes Fettsäuremuster erzielt werden als bei klassischer Mischkost. Zudem werden im Rahmen der täglichen Mahlzeiten generell mehr wertvolle Ballaststoffe, sekundäre Pflanzenstoffe, Vitamine und Mineralien aufgenommen: Eine perfekte Kombination für mehr Gesundheit, Leistungsfähigkeit und Wohlbefinden!

Hinzu kommt, dass Vegetarier – und auch Veganer – neben der täglichen Ernährung auch einen gesünderen Lifestyle pflegen: Sie trinken weniger Alkohol, rauchen weniger und sind auch körperlich im Alltag aktiver.

Das Körpergewicht – ein entscheidender gesundheitlicher Aspekt

Auf Fleisch und Wurstwaren zu verzichten kann sich langfristig auch auf der Zahl auf der Waage bemerkbar machen.
Vegetarier, die sich ausgewogen und abwechslungsreich ernähren, leiden deutlich seltener an Übergewicht. Zudem kann mit einer vielseitigen vegetarischen Ernährung erfolgreich lästigen Fettpölsterchen der Kampf angesagt werden. Warum das so ist? Ganz einfach: Pflanzliches Food wie zum Beispiel frische Früchte, Gemüse und Hülsenfrüchte haben einen höheren Wasseranteil, dafür aber einen verminderten Fettgehalt. Im Allgemeinen enthalten sie auch weniger Kalorien als tierische Produkte.
Zudem kommt, dass pflanzliche Lebensmittel im Allgemeinen einen höheren Anteil an sogenannten komplexen Kohlenhydraten sowie an Ballaststoffen aufweisen. Beide inhaltliche Bestandteile sorgen für ein langanhaltendes Sättigungsempfinden und vermeiden unerwünschte Heißhungergefühle.
Damit kann die beste Grundlage für ein gesundes Wohlfühlgewicht geschaffen werden.

Umweltbezogene & ethisch-moralische Motive

Auch ökologische Aspekte führen sehr oft dazu, dass sich Menschen für einen vegetarischen Lebens- und Ernährungsstil entscheiden. Eine pflanzenbasierte Ernährung kann nämlich die natürlichen Ressourcen der Umwelt schonen. Aufgrund der Massentierhaltung kommt es im Laufe der Jahre zu einer immer stärkeren Abholzung der Wälder, denn schließlich muss den Nutztieren ausreichend Weideflächen geboten werden. Des Weiteren braucht es mehr Ackerlandflächen als Grundlage für die Sicherstellung des benötigten Tierfutters.
Die Zerstörung der Wälder nimmt zahlreichen Tieren ihren wertvollen Lebensraum. Auch die Natur leidet massiv unter dieser bedenklichen Entwicklung. Aus diesem Aspekt betrachtet, leben Vegetarier deutlich nachhaltiger und ressourcenschonender.

Der Hauptgrund, warum sich jedoch Menschen für einen vegetarischen Ernährungsstil entscheiden, sind die häufig lebensunwürdigen Zustände in der Massentierzucht.
Dioxin in Eiern, zunehmende Lebensmittelskandale, ein verantwortungsloser Umgang mit Medikamenten, katastrophale Haltungsbedingungen und Gammelfleisch: Solche Zustände verderben den Appetit auf Fleisch und Produkte tierischer Herkunft.
Das Tierwohl hat also einen enorm hohen Stellenwert für Veganer und Vegetarier.
Wie oben bereits beschrieben, gibt es auch Vegetarier, die sich hauptsächlich pflanzenbasiert ernähren, dennoch hin und wieder ein Stückchen Fleisch genießen. In diesem Fall wird aber auf beste

Tierhaltungsbedingungen und eine hohe Produktqualität geachtet, im Idealfall aus regionaler und kontrolliert biologischer Haltung. Mit Fleisch aus Weide- und Biohaltung sind Sie im Allgemeinen auf der sicheren Seite, zumindest, wenn es um den Nachhaltigkeits- und Gesundheitsaspekt geht. Tiere, die sich von Gras, Heu und Klee ernähren, haben ein gesünderes Fettsäuremuster. Das bedeutet, dass dieses Fleisch für den menschlichen Körper als gesünder einzustufen ist als das Fleisch von Tieren aus Mastproduktion, die hauptsächlich mit Kraftfutter ernährt werden.

Mythen rund um die vegetarische Ernährung

Immer wieder bringen Kritiker an, dass eine vegetarische Ernährung puren Verzicht bedeutet, doch hierbei handelt es sich eindeutig um einen Mythos.
Allen, die der Fleischverzicht sehr schwerfällt, steht eine breitgefächerte Palette an vegetarischen Fleischersatzprodukten zur Verfügung – vom Schnitzel aus Tofu über die fleischlose Wurst bis hin zum vegetarischen Burger!

Ebenso ist es nicht richtig, dass eine vegetarische Ernährung einen Nährstoffmangel hervorruft. Wichtig ist hier aber eine ausgewogene und vielseitige Ernährung: Wer das im Alltag optimal umsetzt, muss sich auch um kritische Nährstoffe wie Vitamin B12 und Eisen keine Sorgen machen. Auf diesen Aspekt kommen wir gleich aber noch gesondert zu sprechen.
Für Vegetarier empfiehlt sich aber in jedem Fall, die Blutwerte jährlich vom eigenen Hausarzt kontrollieren zu lassen. Auf diese Weise lassen sich mögliche Nährstoffdefizite und Mangelerscheinungen rasch aufdecken und adäquat beseitigen.

Einen weiteren Punkt, den Kritiker immer wieder anbringen ist, dass eine pflanzenbasierte Kost nicht für eine ausreichende Sättigung sorgt. Das ist absolut nicht zutreffend!
Ballaststoffreiche Nahrungsmittel wie etwa zahlreiche Gemüsesorten, Kartoffeln und Vollkornprodukte sorgen für eine langanhaltende Sättigung. Auch proteinreiche Milchprodukte und Hülsenfrüchte sorgen für einen ausgezeichneten Satt-Effekt und weniger Heißhungergefühle.

Wie kann ich zum „Veggie“ werden?

Viele Menschen entscheiden sich von einem Tag auf den nächsten für eine fleischlose Ernährung und streichen Fleisch, Fisch und daraus hergestellte Produkte von ihrem Speiseplan.

Sie können jedoch auch sanfter beginnen, indem Sie zum Beispiel erst zum Flexitarier werden. Das ist ein guter Basisschritt, um weniger Fleisch zu essen und vor allem bewusster zu genießen. Im zweiten Schritt sollten Sie sich umfassend mit den unterschiedlichen Formen des Vegetarismus auseinandersetzen, um herauszufinden, welcher Lifestyle am besten zu Ihnen passt. Sollen Milchprodukte auf dem täglichen Ernährungsplan erscheinen oder doch lieber nicht? Möchten Sie Eier essen oder nicht? Soll hin und wieder auch ein Fischfilet auf dem Teller landen? All das sind wichtige Überlegungen, die Sie im Vorfeld unbedingt anstellen sollten.

Für sogenannte „Pudding-Vegetarier" bietet dieses Ernährungskonzept keine nennenswerten gesundheitlichen Vorteile. Diese Personen ernähren sich viel von hochverarbeiteten Nahrungsmitteln, zuckerreichem Food und Weißmehlprodukten. Auf diese Weise kann die vegetarische Ernährung nicht ihre tatsächlichen Vorteile entfalten.

Die Küchen dieser Welt bieten Ihnen ein facettenreiches Spektrum, um vegetarisch zu genießen: Ganz egal ob indisch, italienisch oder vietnamesisch: Sie können vieles ausprobieren und neue Anregungen für Ihre tägliche Ernährung finden.
Natürlich erwarten Sie auch hier in unserem Buch 150 geschmackvolle vegetarische Rezepte, die für reichlich Abwechslung und Genuss sorgen. Sie werden sehen, wie vielseitig dieses Ernährungskonzept ist und dass es absolut nicht um Verzicht geht.

Vegetarisch essen – welche Nährstoffe sind unverzichtbar?

Wenn Sie sich für eine vegetarische Ernährung entscheiden, reicht es nicht aus, Fleisch und Wurstwaren vom täglichen Ernährungsplan zu entfernen. Es braucht eine vielseitige und ausgewogene Ernährung, um Nährstoffdefizite auszuschließen! Bei der Zusammenstellung der einzelnen Mahlzeiten sollte daher auf folgende essenziellen Nähr- und Vitalstoffe geachtet werden:

Proteine – ein Grundbaustein einer gesunden Ernährung

Eiweiße sind an vielen zentralen körperinternen Vorgängen beteiligt. Da Fisch und Fleisch als essenzielle Proteinquellen wegfallen, sollten Milch und Milchprodukte auf dem Speiseplan erscheinen, also Quark, Joghurt, Käse und dergleichen. Auch Eier sind ein echtes Powerfood, wenn es um den Proteingehalt geht.
Auch Hülsenfrüchte sind sehr hochwertige pflanzliche Eiweißquellen und ein zentraler Bestandteil des vegetarischen Ernährungsplans.

Wer sich für eine Form des Vegetarismus entscheidet, in der Milch, Milchprodukte und Eier nicht vorgesehen sind, hat dennoch verschiedene Möglichkeiten, um den täglichen Proteinbedarf optimal zu decken.
Pflanzliche Alternativen wie Tofu, Sojajoghurt, Mandeldrink, Haferdrink und eben Hülsenfrüchte leisten ernährungstechnisch einen sehr wertvollen Beitrag.

Hochqualitative Fette

Im Vergleich zu Fleischessern haben hier Vegetarier eindeutig die bessere Position.
Wenn eine pflanzliche Ernährung mit Nüssen, Samen und Kernen ergänzt wird, ist das Verhältnis zwischen den „wertvollen" Omega-3-Fettsäuren und den eher „ungünstigen" Omega-6-Fettsäuren deutlich gesünder.
Mit einem besonders hohen Anteil an kostbaren Omega-3-Fettsäuren punkten vor allem wertvolle Öle wie Lein-, Walnuss- oder Rapsöl. Sie sind ein wichtiger Ernährungsbaustein, um eine Versorgung des Körpers mit wertvollen Fetten sicherzustellen.

Vitamin B12 - ein essenziell wichtiger Mikronährstoff

Dieser wasserlösliche Mikronährstoff ist von zentraler Bedeutung für den menschlichen Körper, denn es erfüllt unter anderem grundlegend wichtige Funktionen bei der Bildung roter Blutkörperchen. Vitamin B12 findet sich in natürlicher Form fast ausschließlich in Produkten tierischer Herkunft. Wer nicht nur auf Fleisch, sondern auch auf Eier, Milch und Milchprodukte verzichtet, verzichtet, riskiert Vitamin-B12-Defizite. Infolgedessen kann es zu Schädigungen der Nerven aber auch zu Störungen der Blutbildung kommen.
Das Problematische ist hier, dass dieses Vitamin in der Leber gespeichert wird. Echte Mangelerscheinungen machen sich somit oftmals erst nach Jahren bemerkbar!

Personen, die sich vegan ernähren, müssen daher auf Lebensmittel setzen, die mit Vitamin B12 angereichert sind. Unter Umständen muss auch – nach Rücksprache mit dem behandelnden Arzt – auf geeignete Nahrungsergänzungsmittel zurückgegriffen werden.

Unser Tipp für Sie:

Ganz egal, für welche Ernährungsweise Sie sich auch entscheiden, eine optimale Nähr- und Vitalstoffversorgung muss immer sichergestellt werden. Der Körper braucht für die Gesunderhaltung sowie für einen reibungslosen Ablauf aller internen Vitalstoffprozesse eine adäquate Ernährungsweise – und das Tag für Tag.

Was eine gesunde Ernährung im Einzelnen genau ausmacht und auf welche Aspekte ein besonderer Fokus gesetzt werden sollte, erfahren Sie in unserem Ernährungsratgeber, den Sie als **Bonus zu diesem Buch** dazu erhalten: Mehr zum kostenlosen, interessanten und umfassenden Ernährungsratgeber erfahren Sie in unserem Kapitel „**Ihr kostenloses Geschenk!**" am Anfang dieses Buches.

Vitamin D – das Sonnenvitamin

Dieses fettlösliche Vitamin ist unter anderem für starke und gesunde Knochen von großer Bedeutung. Es findet sich insbesondere in fettreichen Seefischen wie Hering, Makrele, Thunfisch oder Lachs. Zudem kommt es – wenn auch in etwas geringeren Mengen – in Milchprodukten sowie in Eigelb vor.
Der Körper kann Vitamin D unter Einfluss von ausreichend Sonnenlicht auch selbst bilden, doch vor allem in den dunklen Herbst- und Wintermonaten kann es hier zu Mangelerscheinungen kommen. Davon betroffen sind vor allem Personen, die sich täglich weniger als 30 Minuten draußen aufhalten.

Auch dieser Wert sollte in regelmäßigen Zeitabständen vom Arzt professionell bestimmt werden. Gegebenenfalls sind auch hierfür geeignete Supplemente einzunehmen.

Eisen – ein zentrales Spurenelement

Eisen ist ein so wichtiges Spurenelement, ohne das wir Menschen überhaupt nicht überleben könnten.
Es bindet Sauerstoff an das Hämoglobin, den roten Blutfarbstoff. Auf diese Weise wird dieser Blutfarbstoff im gesamten Körper verteilt und kann in den Körperzellen für die Energiebereitstellung verwendet werden.

Kommt es zu Eisendefiziten im Organismus kann es zu einer Blutarmut, einer sogenannten Anämie, kommen. Sie äußert sich in Symptomen wie zum Beispiel Konzentrationsschwierigkeiten, Haarausfall, Müdigkeit, Erschöpfung oder auch Schwindelgefühle.
Eisen findet sich sowohl in pflanzlichen wie auch in tierischen Lebensmitteln, doch die Bio-Verfügbarkeit aus tierischen Quellen ist wesentlich höher! Das heißt, dass der Körper tierisches Eisen schneller aufnehmen und leichter verwerten kann.

Problematisch sind in diesem Zusammenhang auch noch verschiedene Stoffe wie zum Beispiel Kalzium, Tannine aus Kaffee und Tee sowie

Phytinsäure, die in Getreide enthalten ist: Diese Substanzen hemmen nämlich die Eisenaufnahme in den Körper. Vitamin C hingegen begünstigt die Eisenaufnahme!
Aus diesem Grund sollten eisenreiche Lebensmittel wie zum Beispiel Getreideprodukte, grüne Blattsalate oder Hülsenfrüchte immer in Kombination mit Vitamin-C-reichen Foods gegessen werden, so etwa mit Früchten und Gemüse.
Wir empfehlen Ihnen, regelmäßig den Eisengehalt in Ihrem Körper checken zu lassen. Sprechen Sie hierzu mit Ihrem Hausarzt oder Ihrer Hausärztin.

Jod – für gesunde Schilddrüsenfunktionen

Dieses Spurenelement ist essenziell wichtig für die Produktion von Schilddrüsenhormonen. Ein Jodmangel kann sich durch Anzeichen wie Antriebslosigkeit, Konzentrationsprobleme oder Müdigkeit bemerkbar machen. Bei Kindern können Entwicklungs- und Wachstumsstörungen auftreten. Eine ausreichende Jodzufuhr ist somit sehr wichtig und das Problematische ist hier, dass sie sehr oft über die tägliche Ernährung nicht sichergestellt wird.

Die Experten der DGE, der Deutschen Gesellschaft für Ernährung, raten daher dringend dazu, auf jodiertes Speisesalz zurückzugreifen, um mögliche Mangelerscheinungen rechtzeitig auszuschließen beziehungsweise zu kompensieren.

Grundsätzlich gilt für Vegetarier, Veganer wie auch für Fleischesser dasselbe: Der individuelle Ernährungsplan sollte immer abwechslungsreich und möglichst vielseitig sein.

Die 7 Pfeiler einer gesunden vegetarischen Ernährung

Sie sind noch kein Experte in der Veggie-Ernährung? Machen Sie sich keine Sorgen, denn das lässt sich rasch ändern.
In diesem Kapitel geben wir Ihnen einen umfassenden Überblick über die wichtigsten Lebensmittelgruppen. Integrieren Sie diese Gruppen in Ihre tägliche Ernährung und vergessen Sie nicht: Je vielseitiger, ausgewogener und abwechslungsreicher Sie sich ernähren, desto mehr Vorteile können Sie aus der pflanzenbasierten Ernährung schöpfen.

Nr. 1 – Früchte und Gemüse

Das Motto lautet hier: Bunt ist Trumpf!
Frische Frucht- und Gemüsesorten sind die wichtigsten Komponenten der Veggie-Ernährung. Sie versorgen Ihren Körper mit essenziell wichtigen

Nährstoffen, Vitaminen, Spurenelementen und Mineralien. Gleichzeitig enthalten Gemüse und Obst nur wenig Kalorien.

Ernährungsexperten haben hier die Faustregel *„Nimm fünf am Tag"* aufgestellt: Das bedeutet drei Gemüseportionen (entspricht in etwa 400 Gramm) und zwei Fruchtportionen (entspricht in etwa 250 Gramm) sollten es jeden Tag sein. Eine Portion ist ungefähr eine Handvoll des jeweiligen Lebensmittels.

Nr. 2 – Kartoffeln und Vollkornprodukte

Reis, Brot und Pasta sollten immer aus Vollkorn stammen. Auch Kartoffeln sind ein zentraler Bestandteil des vegetarischen Speiseplans.
Diese Lebensmittel liefern hochwertige Kohlenhydrate, Mineralstoffe, Spurenelemente und wertvolles Protein. Auch mit reichlich Ballaststoffen können diese Lebensmittel überzeugen.
Von diesen Sattmachern sollten jeden Tag ungefähr drei Portionen aufgenommen werden. Das würde zum Beispiel zwei bis drei Scheiben Vollkornbrot á 50 Gramm entsprechen, 60 bis 80 Gramm Getreide sowie 150 Gramm Vollkornpasta (ungekocht). Alternativ können auch zwei bis drei Kartoffeln maßgeblich zur Bedarfsdeckung beitragen.

Nr. 3 - Pflanzliche Milchalternativen, Milch & Milchprodukte

Quark, Käse, Milch und Naturjoghurt sind grundlegend wichtige Protein- und Kalziumlieferanten. Auch Vitamin D ist darin enthalten.
Zudem punktet Käse sogar mit nennenswerten Vitamin B12-Mengen. Um eine ausreichende Bedarfsdeckung sicherzustellen, sollten drei Portionen pro Tag eingeplant werden.
Wichtig ist aber, auf Produkte ohne zugesetzten Zucker zu setzen. Wenn Sie keine Kuhmilch mögen, können Sie auch pflanzliche Alternativen verwenden wie etwa Hafer- oder Mandelmilch. Prüfen Sie aber bitte auch hier die Zutatenliste, denn in manchen dieser Produkte stecken häufig ungesunde Zusatzstoffe und Süßungsmittel.

Nr. 4 – Kerne, Nüsse, Samen & Hülsenfrüchte

Das sind die heimlichen Stars in der vegetarischen Ernährung!
Kichererbsen, Bohnen, Linsen & Co. sind gesunde Sattmacher, die nicht nur sehr gut schmecken, sondern auch wertvolle komplexe Kohlenhydrate und hochwertiges pflanzliches Protein enthalten. Hiervon sollte in jedem Fall eine Portion täglich gegessen werden: Das entspricht ungefähr 125 Gramm gegarten Hülsenfrüchten.

Samen, Kerne und Nüsse sind zudem ein echtes Powerfood, denn sie liefern dem Organismus kostbare Nährstoffe und insbesondere hochqualitative Fettsäuren. Ein bis zwei Portionen - das sind in etwa 30 Gramm - sollten täglich davon gegessen werden.

Nr. 5 - wertvolle Pflanzenöle und Fette

Fett hat im Allgemeinen doppelt so viele Kalorien wie Kohlenhydrate und Proteine, doch Fett ist nicht gleich Fett! Mit den richtigen Fetten können Sie die Gesunderhaltung Ihres Körpers maßgeblich unterstützen!
Besonders wertvoll sind pflanzliche Fette und Öle, denn sie enthalten reichlich Vitamin E und ungesättigte Omega-3-Fette.

Setzen Sie Leinöl, Walnuss-, Soja-, Raps- und Olivenöl daher unbedingt auf Ihren täglichen Speiseplan! Vor allem Leinöl und Walnussöl sind Öle, die nicht erhitzt werden sollten, da sich sonst unerwünschte Stoffe bilden können. Sie sind für die kalte Küche geeignet, so etwa zum Verfeinern von Salaten.

Nr. 6 - Eier

Eier liefern essenziell wichtige Aminosäuren, auf die der menschliche Körper dringend angewiesen ist. Zudem sind Eier eine sehr gute Vitamin-D-, Vitamin-B12- und Eisenquelle.
Am besten sollten Sie immer Bio-Eier aus Freilandhaltung kaufen, im Idealfall von Höfen, die auch männliche Küken aufziehen. Eier aus Legebatterien enthalten aufgrund der minderwertigen Huhn-Fütterung viel weniger wertvolle Omega-3-Fettsäuren.

Mit Bio-Eiern von freilaufenden Hühnern unterstützen Sie zudem eine artgerechte Tierhaltung.

Nr. 7 - die richtigen Getränke in der vegetarischen Ernährung

Der Körper eines Menschen besteht zu rund 70 % aus Wasser. Um den lebensnotwendigen Vorgängen und Funktionen optimal nachkommen zu können, ist der Organismus auf eine adäquate Flüssigkeitsversorgung angewiesen: Mindestens zweieinhalb Liter Wasser sollte eine erwachsene Person daher trinken.
Wasser, ungesüßte Kräuter- und Früchtetees sind perfekte Durstlöscher. Auch zwei bis maximal drei Tassen Kaffee sind pro Tag absolut normal.

Zuckerreiche Limonaden, Fruchtsäfte, Energydrinks und Cola sollten Sie hingegen vom Speiseplan streichen.

Sie können gerne Ihr Trinkwasser mit natürlichen Aromen interessanter gestalten: Greifen Sie hierfür zu frischen Beeren, Zitronen-, Orangen- oder Grapefruitscheiben und gerne auch zu frischen Kräutern wie Pfefferminze, Melisse oder Ingwer.

Übrigens: Vor allem eine pflanzenbasierte Ernährung liefert Ihrem Organismus viel wertvolle Flüssigkeit.

Vegetarisch durch das Jahr

Gemüse und Früchte liefern dem Körper ein großes Gesundheitsplus: Sie punkten mit reichlich Mineralien, Vitaminen und sekundären Pflanzenstoffen. Vor allem sekundäre Pflanzenstoffe haben eine entscheidende Bedeutung für einen gesunden und leistungsstarken Stoffwechsel: Sie wirken antioxidativ, antibakteriell und auch entzündungshemmend. Zudem haben diese Substanzen sehr positive Effekte auf das Immunsystem und können sogar vor einigen Krebsarten schützen.

Sekundäre Pflanzenstoffe verleihen Früchten und Gemüse ihre typische Farbe und sind auch der Grund für verschiedenste Geruchs- und Geschmacksaromen wie etwa der charakteristische Zwiebelgeruch, das leuchtende Rot der Tomate oder die Schärfe eines Meerrettichs. Je bunter und vielseitiger Sie sich ernähren, desto besser ist es, denn auf diese Weise bekommt Ihr Körper das ganze Spektrum an sekundären Pflanzenstoffen geboten.

Im Idealfall sollten Sie immer regional und saisonal einkaufen: Jede Jahreszeit hat Ihnen sehr viel Wertvolles zu bieten. So schmeckt es nicht nur richtig gut, sondern Sie leben auch gleichzeitiger nachhaltiger.

Frische und Knackigkeit genießen im Frühling

Im Frühling sind vor allem Spargel und Erdbeeren äußerst beliebt. Beide Lebensmittel bieten ein breitgefächertes Einsatzspektrum und können auf unterschiedliche Weise zubereitet werden. Ganz egal ob herzhaft-leicht mit Kartoffeln, als Salat- oder Pasta-Gericht: Spargel ist ein echter Allrounder in der Küche! Er ist gesund, geschmackvoll, kalorienarm und entwässernd. Dieses Gemüse enthält wertvolle Ballaststoffe, Folsäure, Vitamin C, Vitamin E und sogar Vitamin B1 und B2. Auch Kalium, Kalzium und Eisen sind in Spargel enthalten. Dieses leckere Frühlingsgemüse fördert die Nierentätigkeit und trägt somit zu einer vermehrten Wasserausscheidung bei.

Erdbeeren lassen sich zu vielen herzhaften wie auch süßen Speisen zubereiten. Sie stärken die Immunabwehrkräfte, sind mineralstoffreich und schützen das Herz. Zudem bieten Erdbeeren auch den Körperzellen einen wertvollen Schutz, liefern reichlich Folsäure und halten das Gehirn fit und leistungsfähig.

Auch Grün ist die Farbe des Frühlings und bietet eine breitgefächerte Auswahl: Würzig-aromatisch Bärlauch, zarter Blattspinat und herrlich frische Kräuter bieten Einsatzmöglichkeiten für viele verschiedene Kreationen. Für fein-säuerliche Geschmacksnoten können Sie in den Frühlingsmonaten auf Rhabarber zurückgreifen. Dieser schmeckt übrigens auch sehr köstlich in Kombination mit Erdbeeren.

Sommer – eine Jahreszeit voller gesunder Aromen

Diese Jahreszeit hat Vegetariern richtig viel zu bieten, denn hier gibt es Obst und Gemüse satt!
Tomaten, Fenchel, Paprika, Zucchini, Himbeeren, Heidelbeeren, Nektarinen, Pfirsiche und vieles mehr: So kommt ein sonnenverwöhntes Aroma auf den Tisch und das Tag für Tag. Die Auswahl an knackig-frischen Gemüse- und Obstsorten ist im Sommer besonders groß.

So können Sie eine geschmackvolle und zudem kalorienarme Sommerküche genießen. Farbenfrohe Kreationen, aromatische Kombinationen und süße Highlights versprechen im Sommer höchsten vegetarischen Genuss!

Herbst – bunte Klassiker

Wenn die Tage langsam kürzer werden und das Laub von den Bäumen fällt, kommt auch kulinarisch in unseren Küchen der Herbst an. Und der hat einiges zu bieten: Cremige Suppen, würzig-frisches Ofengemüse und leckere Nudelgerichte sorgen für reichlich Abwechslung. In der Herbstzeit führt an Kürbis, Äpfeln, Birnen, Feigen, Maronen, Walnüssen, und Pflaumen kein Weg vorbei.

Vor allem mit Nüssen können Sie in dieser Jahreszeit viele Salate, Suppen und auch Desserts toppen: Das schmeckt nicht nur richtig gut, sondern sorgt im Rahmen der vegetarischen Ernährung auch für eine ideale Versorgung mit Omega-3-Fettsäuren.

Winter – Vitamin-Booster für die kalten Tage

Kohl ist das Stichwort dieser Jahreszeit: Weißkohl, Rosenkohl und Rotkohl sind nicht nur kulinarisch vielseitig einsetzbar, sondern auch ein richtig sättigendes Powerfood.

Kohl stärkt das Immunsystem vor allem durch den hohen Vitamin C-Gehalt, aber auch durch viele wertvolle sekundäre Pflanzenstoffe und Mineralien.

Auch Wurzelgemüse wie Meerrettich, Petersilienwurzel, Pastinake, Möhren und Rote Beete sind in den Wintermonaten eine wahre Bereicherung für den vegetarischen Speiseplan.

Außerhalb der Saison können Sie immer zu tiefgekühltem Gemüse greifen: Dieses Gemüse hat keine langen Transportwege hinter sich und wird direkt nach der Ernte schockgefroren. Dadurch bleibt die ganze Fülle an wichtigen Nährstoffen und Vitalstoffen enthalten: Also ein wichtiger Bestandteil einer gesunden Ernährung!

8 Top-Foods der vegetarischen Ernährung

Diese sieben Lebensmittel sind wahre Superhelden der vegetarischen Küche:

1. **Brokkoli**

   In diesem wertvollen Lebensmittel stecken reichlich Vitalstoffe wie zum Beispiel Vitamin C, Vitamin E und Vitamin K. Auch Vitamin B-Komplexe und Mineralstoffe wie Kalzium, Kalium, Zink und Eisen sind in beachtlicher Menge in Brokkoli enthalten.
   Brokkoli enthält doppelt so viel Vitamin C wie Blumenkohl.
   Dieses Food pusht die Immunabwehr, kann eine Gewichtsreduktion unterstützen, sorgt für eine bessere Fitness und kann sogar Krebserkrankungen vorbeugen.
   Brokkoli gibt es übrigens nicht nur in Grün, sondern auch in Violett, Weiß und sogar Gelb!

2. **Rote Beete**

   Die Rote Beete gehört zur Gruppe des sogenannten Wurzelgemüses. Für Vegetarier ist dieses Lebensmittel eine ausgezeichnete Eisenquelle.
   Rote Beete wirkt blutbildend, entzündungshemmend und verdauungsfördernd. Die Knolle kann auch blutdrucksenkend wirken und das Herz-Kreislauf-System sowie das Nervensystem schützen. Dank der enthaltenen Ballaststoffe sorgt Rote Beete zudem für ein ausgezeichnetes Sättigungsgefühl.

3. Heidelbeeren

Heidelbeeren sind eine hervorragende Quelle für Vitamin K, Vitamin C, Ballaststoffe, Kupfer und Mangan. Sie haben einen sehr hohen Antioxidantien-Gehalt und stärken das Immunsystem. Heidelbeeren können schädliche freie Radikale neutralisieren und somit die Zellstrukturen schützen! Gleichzeitig überzeugen diese Beeren mit einem verminderten Kohlenhydrat- und Kaloriengehalt und sind somit ideal für alle, die Gewicht reduzieren möchten.

Aktuelle wissenschaftliche Studien konnten sogar zeigen, dass Heidelbeeren dabei unterstützen können, das Bauchfett zu reduzieren und die Risikofaktoren für das metabolische Syndrom zu mindern. Da Heidelbeeren sehr kalziumreich sind, bieten sie auch einen wertvollen Schutz vor Knochenschwund (Osteoporose).

Besonders wertvoll sind in Heidelbeeren die sogenannten Anthocyane: Der schön dunkelblaue Pflanzenfarbstoff wirkt blutdrucksenkend und findet sich zudem auch in Auberginen und Brombeeren.

4. Apfel

Äpfel sind wahre Multitalente und unverzichtbar wichtig im Rahmen einer vegetarischen Ernährung.
Äpfel enthalten wertvolle Ballaststoffe, die verdauungsfördernd und zugleich sättigend wirken. Die meisten Nährstoffe sitzen bei dieser Fruchtsorte übrigens unter der Schale, daher sollten Sie den Apfel immer gründlich waschen, aber die Schale mitessen.
Hätten Sie es übrigens gewusst? Saure Äpfel enthalten mehr Fructose als süße Apfelsorten!

Äpfel bieten viele wertvolle Mineralstoffe, schützen die Körperzellen und fördern auch die Zahngesundheit. Durch die gesundheitsförderlichen Inhaltsstoffe können Äpfel auch Cholesterinspiegel in eine gesunde Balance bringen.
Bei normaler Zimmertemperatur reifen Äpfel ungefähr 10 Mal rascher als bei kühler Kellertemperatur.

5. Spinat

Auch Spinat fällt unter die Kategorie „Powerfood": Das grüne Blattgemüse liefert reichlich Folsäure, Eisen, Magnesium und Vitamin C. Auch wertvolle Antioxidantien stecken in Spinat.
Frischer Spinat kann seine Nährstoffe leicht verlieren, daher können Sie hier ruhigen Gewissens zu TK-Spinat greifen.
Babyspinat hat einen hohen Nitratgehalt und ist somit für Babys absolut ungeeignet.

6. Tomaten

Tomaten sind ein sehr kalorienarmes Gemüse und enthalten sehr viel Lycopin.
Dieser wertvolle Pflanzenfarbstoff kann Herzerkrankungen und Arteriosklerose vorbeugen.
Dank des hohen Vitamin C Gehalts stärken Tomaten die Immunabwehr, schützen die Haut vor UV-Sonnenschäden und beeinflussen auch den Cholesterinwert sehr positiv.

Mit nur 19 Kalorien pro 100 Gramm sind Tomaten ein richtiges Schlankfood!

Im Kühlschrank verlieren Tomaten ihren herrlich aromatischen Geschmack und auch die Haltbarkeit verkürzt sich. Unreife Tomaten können giftig sein, in größeren Mengen sogar tödlich. Essen Sie daher nur richtig schön gereifte Tomaten.

7. Paprika

Dieses Gemüse gehört zu den Nachtschattengewächsen und ist eine wahre Vitamin-C-Bombe: In nur 100 Gramm Paprika stecken rund drei Mal so viel Vitamin C wie in Orangen oder Zitronen. Rote Paprikaschoten liefern zudem wertvolles Beta-Carotin und Lycopin, Pflanzenfarbstoffe, die das Herz, die Augen und die Haut optimal schützen.

Wertvolle Flavonoide sorgen zudem für eine leistungsstarke Fettverbrennung und pushen die Immunabwehr.

Paprikaschoten werden nicht von jedem Menschen gleich gut vertragen. Probieren Sie hier also aus, wie es bei Ihnen ist und binden Sie Paprikaschoten unbedingt in Ihren vegetarischen Speiseplan mit ein, wenn Sie diese gut vertragen.

8. Reis

Reis ist leicht verdaulich, glutenfrei und enthält kaum Fett, dafür aber jede Menge wertvoller Proteine.
Die neun wichtigsten Reissorten sind:

1. **Naturreis**: Er enthält viele wertvolle Ballaststoffe, Proteine, Mineralstoffe und Vitamine.

2. **Polierter Reis**: Er hat keine Schale und ist hell weiß, doch er verliert in dieser Form auch einen Teil der Nährstoffe.

3. **Paraboiled Reis**: Das ist aus ernährungswissenschaftlicher Sicht ein Reis, der wertvoller als der polierte weiße Reis ist. Die Vitamine stecken vor allem im Inneren des Korns.

4. **Wildreis** ist in dem Sinne gar kein Reis, sondern vielmehr der Samen eines Wassergrases. Wildreis liefert mehr Kalium, Eiweiß und Magnesium als andere Reissorten. Diese Sorte ist sehr teuer und wird daher gerne mit anderen Reissorten gemischt.

5. **Schnellkochreis** wird in Kochbeuteln angeboten und ist bei entsprechender Vorbehandlung schon nach 5 Minuten gar.

6. **Risotto-Reis** gibt beim Garen Stärke ab. Er wird sämig und ist deshalb bestens für Risotto-Gerichte geeignet.

7. **Patna-Reis**: Diese Sorte ist der bekannteste Langkornreis und gart eher locker.

8. **Basmati-Reis** ist aromatisch-duftend und passt sehr gut zu asiatischen und exotischen Gerichten.

9. **Jasmin-Reis**: dieser Reis ist vor allem im Thailand sehr beliebt. Beim Kochen entfaltet Jasmin-Reis einen besonders schönen blumigen Duft.

Schonende Zubereitung – das A und O in der Veggie-Küche

Ganz egal ob gegrillt, gebraten, gegart, gedünstet oder als Rohkost: Kein anderes Lebensmittel lässt sich so vielseitig zubereiten wie Gemüse.

Rohkost

Hierfür eignen sich sehr viele Gemüsesorten wie zum Beispiel Paprika, Gurken, Tomaten oder Möhren. Wenn ein Gemüse nicht erhitzt wird, dann werden hitzeempfindliche und wertvolle Nährstoffe wie zum Beispiel Vitamin C, sekundäre Pflanzenstoffe oder auch Folsäure nicht zerstört.
Damit die Vitamine von Ihrem Körper aber optimal aufgenommen werden können, sollten Sie Rohkost immer mit hochwertigen Fettquellen kombinieren, so beispielsweise mit einem Joghurt-Dip oder einer Salat-Vinaigrette.

Dämpfen

Das ist eine besonders schonende Gar-Methode und besonders gut geeignet für Gemüsesorten wie Spargel, Brokkoli oder Karotten. Hier wird das Gemüse nicht direkt ins Wasser gegeben, sondern in einen speziellen Dampfeinsatz. Durch den aufsteigenden heißen Dampf wird das Gemüse gegart.
Auf diese Weise gehen kaum kostbare inhaltliche Bestandteile verloren. Zudem bleibt sowohl die Form, wie auch der Geschmack und die Farbe des Gemüses optimal erhalten.

Dünsten

Diese Methode ist perfekt für viele verschiedene Gemüsesorten geeignet. Hier wird im eigenen Saft gegart oder nur unter Zugabe von wenig Flüssigkeit im geschlossenen Topf. Sie können auch im Backofen sehr gut dünsten. Hier wird das Gargut in einen sogenannte Bratschlauch gegeben oder in eine Alufolie gewickelt.

Blanchieren

Das ist besonders gut für robuste Gemüsesorten wie Bohnen, Blumenkohl oder Erbsen. Dafür wird das Gemüse kurz in Salzwasser bissfest gegart und anschließend kalt abgeschreckt.
Die Vitamine, Mineralstoffe und Spurenelemente können zu einem großen Teil erhalten bleiben: Das Gemüse bleibt schön intensiv farbig und knackig.

Kochen

Gemüsesorten wie Tomaten, Karotten, Kartoffeln oder Kürbis dürfen auch mal längere Zeit kochen. Das sorgt zum Beispiel dafür, dass das enthaltene

Beta-Carotin oder das Lycopin – zum Beispiel aus Möhren oder Kürbis – noch besser verfügbar werden.

Die besten Tipps & Tricks rund um die vegetarische Ernährung

Einkaufstipps & Lagerung

Gerade auch in der vegetarischen Ernährung ist es von besonders großer Bedeutung die wichtigsten Anhaltspunkte für den Einkauf und die Lagerung der Lebensmittel zu wissen. Nur wer die richtigen Lebensmittel einkauft, lagert und aufbewahrt, kann diese auch mit seiner ganzen Fülle genießen. Hierbei gibt es ein paar wertvolle Tipps, die wir Ihnen nun mit an die Hand geben möchten.

- Bevor Sie Ihren Einkauf beginnen, sollten Sie zuerst einmal Ihre aktuellen Lebensmittelvorräte prüfen, damit Sie hier die richtigen Mengen einkaufen können.

- Es kann hilfreich sein, wenn Sie sich immer genau aufschreiben, welche Nahrungsmittel Sie einkaufen möchten. So entgehen Sie hier der Gefahr, dass Sie Lebensmittel mitnehmen, die Sie nicht auf Ihrer Liste hatten.

- Achten Sie besonders darauf, dass Sie nicht hungrig in den Supermarkt gehen. Die Gefahr ist ansonsten groß, dass Sie leichter zu ungesunden Nahrungsmitteln und übermäßigen Mengen greifen.

- Versuchen Sie so gut es geht immer regionale und saisonale Produkte zu kaufen. Gerade saisonal gibt es einige heimische Gemüse- und Obstsorten, die Sie unbedingt in Ihren Speiseplan einbeziehen sollten, wie zum Beispiel Erdbeeren, Heidelbeeren, Spargel, Aprikosen, Kürbis, Feldsalat, Pflaumen, Kirschen, Weißkohl, Äpfel oder auch Birnen. Die heimische Vielfalt hat hier einiges zu bieten und es lohnt sich zu diesen Produkten zu greifen.

- Achten Sie beim Einkauf auch besonders auf die Frische und Qualität der Produkte. Die Nahrungsmittel sollten nicht nur frisch aussehen, sondern auch gut riechen.

Frische Lebensmittel richtig lagern

Gerade frische Lebensmittel müssen mit besonderer Sorgfalt gelagert werden.

- Achten Sie darauf, dass Sie lieber zu geringeren Mengen beim Einkauf greifen.

- Frische Lebensmittel können oftmals schnell verderben. Lagern Sie diese Nahrungsmittel am besten im Kühlschrank im unteren Gemüsefach.

- Es gibt aber auch empfindliche Lebensmittel wie zum Beispiel Auberginen, Kartoffeln, Tomaten, Bananen oder Zitrusfrüchte. Diese vertragen kältere Temperaturen nur schwer und sollten deshalb auch nicht im Kühlschrank, sondern an einem kühlen, trockenen und dunklen Ort aufbewahrt werden.

- Bewahren Sie einige Obstsorten wie zum Beispiel Äpfel, Birnen, Bananen und Aprikosen, getrennt von anderen Früchten auf. Dieses Obst beginnt nachzureifen und kann dafür sorgen, dass auch andere Lebensmittel daraufhin schneller verderblich werden.

- Die richtige Lagerung ist wichtig auch gerade bei tierischen Lebensmitteln wie Joghurt, Sahne, Milch, oder Käse. Diese sind bis zum Verzehr im Kühlschrank aufzubewahren. Beachten Sie hier auch immer das Mindesthaltbarkeitsdatum.

- Achten Sie bei der Lagerung darauf, dass Lebensmittel stets verpackt gelagert werden. Es gibt hier allerdings Ausnahmen wie zum Beispiel Paprika, Tomaten, Pilze oder auch Äpfel. Sollten Sie die Nahrungsmittel verpackt gekauft haben, müssen Sie diese nun unverpackt lagern. Ansonsten besteht die Gefahr, dass sich schnell Schimmelpilze bilden und die Nahrungsmittel verderben.

- Tierische und pflanzliche Lebensmittel, die keinerlei Verpackung haben, müssen immer getrennt voneinander aufbewahrt werden. Das liegt besonders daran, dass sich ansonsten Keime bilden, die dann aufeinander übertragen werden können.

Tiefkühlprodukte richtig lagern

Tiefkühlprodukte erfreuen sich immer mehr Beliebtheit. Besonders Gemüse oder Obst wird direkt nach der Ernte bei -30 Grad Schock-gefrostet. So können die wertvollen und wichtigen Nährstoffe erhalten bleiben. Sie können also bedenkenlos öfters zu gesunden Nahrungsmitteln aus der Tiefkühltruhe greifen.

Achten Sie bei der Lagerung besonders darauf, dass Sie Gefriergeräte mindestens 1-2 Mal im Jahr enteisen. Spätestens dann, wenn eine dicke Eisschicht von 5 mm entstanden ist, sollten Sie Ihre Gefriertruhe dringend enteisen. Dies ist nicht nur wichtig, um einem erhöhten Stromverbrauch entgegenzuwirken, sondern auch, damit die Temperatur konstant bleibt.

Gesund und naturbelassen genießen

In der heutigen Zeit ist es wichtiger denn je auf die Gesundheit und auch gerade auf die Inhaltsstoffe der Nahrungsmittel zu achten. Bei der vegetarischen Ernährung gibt es eine Vielzahl an Möglichkeiten, sich naturbelassen und gesund zu ernähren. Die fünf wichtigsten Tipps möchten wir Ihnen kurz näherbringen:

1. **Vermeiden Sie künstliche Aromen**
   Achten Sie darauf, dass auf Ihrem Speiseplan Nahrungsmittel stehen, die keine künstlichen Aromen und Geschmacksverstärker enthalten. Diese Lebensmittel sind nicht nur ungesund, sondern sie sorgen auch dafür, dass der natürliche Geschmackssinn des Menschen verändert wird. Ein Fruchtjoghurt beispielsweise der keinerlei richtige Erdbeeren in der Zutatenliste hat, verfälscht den Geschmack. Hier wird nur das Aroma zugesetzt und vom Verbraucher auch geschmeckt. Hingegen ein Joghurt mit „Natürlichem Erdbeeraroma" wäre hier besser geeignet. Dieser Stoff wird aus einer richtigen Erdbeere hergestellt.
   Genießen Sie Aromen so wenig wie möglich und nur in Ausnahmesituationen.
   Am besten wäre es aber natürlich, wenn Sie sich einen Naturjoghurt nehmen und hier einfach frische Erdbeeren hineingeben. Das ist die absolute Naturpower, die Ihnen und Ihrer Gesundheit guttut.

2. **Verwenden Sie unverarbeitete Produkte**
   Achten Sie bei Ihrem Einkauf immer darauf, dass Sie Produkte verwenden, die so naturnah wie möglich sind. Wählen Sie zum Beispiel anstatt Weizenmehl lieber Vollkornmehl, anstatt Limonade lieber Fruchtsäfte, anstatt geschältem Reis lieber Vollkornreis. Je unverarbeiteter ein Produkt ist, desto gesünder ist es auch. Produkte, die stark verarbeitet sind, enthalten oftmals eine lange Zutatenliste und eine Vielzahl an Zusatzstoffen. Anstelle der wertvollen Stoffe werden diese den Produkten oftmals zugesetzt. Versuchen Sie daher immer darauf zu achten, die richtigen Produkte einzukaufen

3. **Seien Sie kreativ und probieren Sie Neues aus**

Der Speiseplan sollte immer abwechslungsreich sein. Probieren Sie öfters neue Produkte aus und tasten Sie sich immer wieder an neue gesunde Lebensmittel heran. Planen Sie jeden Tag andere Proteinquellen in die Ernährung ein. Wechseln Sie ab zwischen Hülsenfrüchte, Getreide, Kartoffeln, Sojaprodukte, verschiedene Gemüsesorten (zum Beispiel Rotkohl, Wirsing, Erbsen, Spinat – alles was eiweißreich ist), Nüsse, Nussprodukte (inklusive Kokosprodukte oder Mandeldrinks), Keimlinge, Samen oder Kerne.

4. **Den Zuckerkonsum kontrollieren**
   Achten Sie darauf, dass Sie das süßen mit Haushaltszucker (Weißzucker) vermeiden. Wählen Sie stattdessen lieber Voll-Rohrzucker, Kokosblütenzucker oder auch Dicksaft. Optimal ist es, wenn Sie so wenig wie möglich süßen. Sie werden sehen, Ihr Geschmackssinn wird sich daran gewöhnen. Süßen Sie sparsam und kontrolliert.

5. **Beginnen Sie selbst zu kochen**
   Um gesund zu leben ist es wichtig, dass Sie ein Gespür für die Nahrungsmittel bekommen. Bereiten Sie deswegen so viel wie möglich selbst zu. Müslimischungen, Salatsaucen oder auch Brotaufstriche können Sie ohne großen Aufwand ganz leicht selbst herstellen. Verzichten Sie auf Fertigprodukte die übermäßigen Zucker und viele Zusatzstoffe enthalten. Sie werden sehen, wie gut es Ihnen schmecken wird.

4 Top-Tricks für Vegetarier

1. **Fettreiche Nahrungsmittel**
   Achten Sie darauf, dass Sie bei fettreichen Nahrungsmitteln eine goldene Mitte wählen. Greifen Sie öfters zu fettarmen Produkten, wie zum Beispiel frische Milch mit 1,5 % Fett. Verzichten Sie aber auf light-Produkte. Diese enthalten oftmals eine Vielzahl an Zucker oder Zusatzstoffen.

   Fettreiche Milch- oder Milchprodukte enthalten mehr Cholesterin, weswegen diese selten auf dem Speiseplan stehen sollten.

2. **Prüfen Sie die Zutatenliste**
   Um auch zu 100 % vegetarisch leben zu können ist es wichtig, dass Sie genau auf die Zutatenliste achten. Oftmals verbergen sich in Nahrungsmitteln Produkte tierischen Ursprung. Gelatine wird zum Beispiel oftmals dafür verwendet, Trübstoffe in Getränken zu binden und diese daraufhin klar werden zu lassen. Greifen Sie

stattdessen lieber zu trüben Fruchtsäften oder ganz klassischem Wasser.

3. **Frucht- oder Gemüsesäfte**
   Wie Sie in diesem Ratgeber bereits erfahren haben, sollten Sie pro Tag 5 Portionen Obst und Gemüse konsumieren. Falls Sie dies nicht immer schaffen, können Sie auch gerne zu Gemüse- oder Fruchtsäften in Form von Smoothies greifen. Breiten Sie diese allerdings selbst zu, da sich oftmals zugesetzter Zucker in der Zutatenliste von gekauften Produkten verstecken kann.

4. **Frische Produkte haben Vorrang**
   Natürlich sind tiefgekühlte Produkte in manchen Situationen eine gute Alternative, aber falls Sie die Möglichkeiten für frische Nahrungsmittel haben, sollten Sie diese bevorzugen. Greifen Sie zum Beispiel zu frischem Spinat statt zu TK-Rahmspinat oder zu Pell- oder Salzkartoffeln anstatt zu TK-Rösti oder fertigem Kartoffelpüree.

Unverzichtbare Alleskönner – Kräuter & Gewürze

Den unverwechselbaren Geruch von frischem Basilikum, einer frischen Minze oder auch einer Petersilie kennt wohl jeder. Viele Kräuter gibt es frisch als Topfkraut zu kaufen, tiefgekühlt oder getrocknet. Es gibt eine Vielzahl an unterschiedlichen Gewürzen und Kräutern, die dem Essen den richtigen Geschmack verleihen können. Nicht nur für den Gaumen sind sie allerdings unverzichtbar, sondern auch aufgrund ihrer Inhaltsstoffe. Sie enthalten Mineralstoffe, oftmals verdauungsfördernde Stoffe oder auch Vitamine. Damit sie aber ihr volles Aroma auch richtig entfalten können, sollten sie immer erst kurz vor dem Servieren hinzugegeben werden.

Kräuterkunde - A wie Ananassalbei bis Z wie Zitronenmelisse

Es gibt natürlich eine Vielzahl an Kräutern, die fast jeder täglich verwendet. Die Klassiker sind hier klar Petersilie, Basilikum oder auch Schnittlauch. Hierüber hinaus gibt es aber auch eine Vielzahl an Kräutern, die weniger bekannt, aber dennoch lohnend sind.

<u>Kräuter mit Zitronennote:</u>
Es gibt die bekannte Zitronenmelisse, die ein wunderbares Aroma abgibt, aber auch andere Kräuter wie Zitronenbasilikum, Zitronenminze oder auch Zitronenthymian. Diese Sorten geraten oftmals in den Hintergrund, obwohl sie ein frisches und zitroniges Aroma abgeben und so vielen Gerichten den richtigen Geschmack verleihen können.

Die Kräuter-Klassiker:
Einige von diesen Kräutern hat wohl jeder schon einmal in der Küche verwendet. Hierzu zählen: Petersilie, Dill, Basilikum, Estragon, Bohnenkraut, Beifuß, Borretsch, Koriander, Schnittlauch, Kerbel oder Liebstöckel.

Freiland-Staudenkräuter:
Diese Kräuter sind winterhart und können somit auch in den Garten oder auf dem Balkon eingepflanzt werden. Rosmarin, Thymian, Minze, Majoran, Oregano und Salbei sind beispielsweise solche Kräuter.

Kräuter-Schätze neu entdeckt:
Diese Kräuter sind wahre Raritäten. Probieren auch Sie einmal Ihre Gerichte mit diesen Kräutern wie zum Beispiel Currykraut, Ananassalbei, Mönchsbart, Pilzkraut, Olivenkraut, Bärlauch, Lakritz-Tagetes, Waldmeister oder Colakraut zu würzen.

Asia-Tipp: Falls Sie ein Liebhaber der asiatischen Küche sind, können Sie Ihren Gerichten ganz leicht eine fernöstliche Note verleihen. Geben Sie Koriandergrün, asiatischen Basilikum, Zitronengras oder auch Schnitt-Knoblauch (chinesischer Schnittlauch) zu Ihren Gerichten hinzu. So verleihen Sie Ihrem Essen im Handumdrehen die perfekte Asia-Note.

Kräuter richtig aufbewahren

- Lagern Sie ganze Gewürze wie zum Beispiel Pfeffer- und Salzkörner oder Muskatnuss luftdicht verschlossen und an einem dunklen Ort. Koriander, Gewürznelken oder Anis können Sie sogar bis zu zwei Jahren aufbewahren. Zimtstangen oder auch Muskatnüsse sind sogar bis zu fünf Jahre zur Aufbewahrung geeignet. Vor der Verwendung können Sie diese dann zerkleinern.

- Gemahlene Gewürze müssen ebenfalls luftdicht verschlossen und aromageschützt aufbewahrt werden. Im Unterschied zu den ganzen Gewürzen sind gemahlene nur ein paar Monate aufzubewahren, da ansonsten das wertvolle Aroma verloren gehen kann. Wasserdampf sorgt bei Gewürzen dazu, dass diese beginnen zu verklumpen und schneller verderben. Achten Sie deshalb besonders auch darauf, dass es Gewürze gibt, die bei Fett schnell bitter werden können und leichter verbrennen wie zum Beispiel Paprikapulver.

- Optimal wäre es, wenn Sie sich ein paar Küchenkräuter im Garten oder als Topfpflanze auf der Fensterbank anlegen würden. Achten Sie darauf, dass die Pflanzen an einem hellen Standort stehen und Sie diese regelmäßig gießen.

- Sie können frische Küchenkräuter in einem Gefäß mit etwas Wasser aufbewahren oder in ein feuchtes Tuch einwickeln. Falls Sie die Kräuter gewaschen und luftdicht verschlossen in einem Plastikbeutel lagern, können Sie diese im Kühlschrank aufbewahren.

- Für die optimale Verwendung von Kräutern sollten Sie diese kurz vor der Verwendung mit einem scharfen Messer zerkleinern. Bei Schnittlauch können Sie eine Schere verwenden und diesen in Röllchen schneiden.

Es gibt ein paar Kräuter und Gewürze, bei denen sich nach dem Einfrieren der Geschmack verändert:
<u>Geschmacksverlust</u>: Paprika, Senf, Anis, Majoran, Bohnenkraut, Muskatnuss, Pfeffer.
<u>Keinerlei Auswirkung</u>: Ingwer, Kümmel, Cayennepfeffer, Zitronenschale, Nelken, Zimt, Piment, Kapern, Vanille, Lorbeer.
<u>Geschmacksintensivierung:</u> Dill, Thymian, Basilikum, Salbei, Estragon.

Allergiker-Tipps:

- Viele Allergiker vertragen getrocknete Kräuter besser als Gewürze. Probieren Sie hier ganz individuell auch Ihre Verträglichkeit und Ihre Toleranzgrenze aus.
- Weißer Pfeffer ist oftmals besser verträglich als schwarzer Pfeffer.
- Eine gute Alternative zu Gewürzen sind Schnittlauch und Kresse. Sie verleihen Ihren Gerichten einen wunderbaren und intensiven Geschmack, sind aber besser verträglich.
- Viele Allergiker vertragen keine Gewürzmischungen. Vermeiden Sie daher die Verwendung von Curry, falls Sie hierauf empfindlich reagieren.

Getreidesorten im Check – die gesunden „Sattmacher"

Es gibt eine Vielzahl an verschiedenen Getreidesorten. Getreide ist ein wertvoller und wichtiger Bestandteil vieler Backwaren, Teigwaren, Beilagen oder auch für Brot. Welche Getreidesorten gibt es genau und worin bestehen die Unterschiede? Sie finden nachfolgend eine Auflistung der verschiedenen und wichtigsten Sorten. Probieren Sie hier auch gerne immer wieder Neues aus und erweitern Sie so Ihren ganz persönlichen Speiseplan.

Verschiedene Getreidesorten

Dinkel

Dinkel kann wunderbar für Spätzle verwendet werden. Sobald Dinkel als „milchreif" geerntet wird und anschließend entspelzt und gedörrt wird, handelt es sich um Grünkern. Dieser ist ideal für die Verarbeitung von Bratlingen geeignet.

Hirse

Hirse hat einen eher nussigen Geschmack. Ideal geeignet für Personen, die unter einer Glutenunverträglichkeit leiden. Hirse enthält kein Gluten und ist zudem sehr gesund. Früher gehörte Hirse zu den Grundnahrungsmitteln, mittlerweile ist dies nur noch in der Dritten Welt der Fall.

Hafer

Bei der Verarbeitung von Hafer gibt es eine Besonderheit. Die Körner werden hier nicht geschält, sondern nur entspelzt. Der Vorteil hierbei ist, dass die wertvollen Vitamine, die sich in der äußeren Schicht des Korns befinden erhalten bleiben. Haferflocken (gewalzter Hafer) sind zum Beispiel besonders gut verdaulich. Hafer verfügt über biologisch hochwertigeres Protein als die anderen Getreidesorten.

Mais

In den europäischen Ländern wird Mais in gelben Körnern angebaut. In vielen südamerikanischen Ländern gibt es auch rote, gelbe, blaue, schwarze und orange Maiskörner. Die heimischen Sorten werden oftmals zu Popcorn, Gemüsemais, Cornflakes oder Speisestärke verarbeitet.

Weizen

Weizen gehört zu mit zu den wichtigsten Getreidesorten. Hartweizen wird zum Beispiel für die Herstellung von Nudeln verwendet und Weichweizen für Backwaren. Es gibt allerdings noch weitere Weizenprodukte:

<u>Bulgur</u>

Dieses Getreide wird aus geschroteten Weizenkörnern hergestellt. In der arabischen Küche wird es in Kombination mit Frühlingszwiebeln, Petersilie, Mine und weiteren Zutaten zu einem typisch orientalischen Taboulé.

<u>Zartweizen</u>

Die vorgegarten Körner gibt es vor allem im Kochbeutel zu kaufen.

Couscous
Diese Getreidesorte wird aus grobkörnigem Grieß, in diesem Fall Durum-Weizen (Hartweizen) hergestellt. Genau wie auch Bulgur gibt es Couscous als Instant-Produkt zu kaufen.

Pseudo-Getreidesorgen

Im eigentlichen Sinn gehören Quinoa, Amarant, Chia-Samen und Buchweizen nicht zu den Getreidesorten. Sie können allerdings so verwendet werden und enthalten eine Vielzahl an wertvollen Ballaststoffen, Vitaminen, Mineralstoffen und Eiweiß.
Das Pseudo-Getreide ist ebenfalls glutenfrei und somit auch bei einer Unverträglichkeit gut geeignet.

Buchweizen
Dieses Pseudo-Getreide enthält viele gesundheitsfördernde Inhaltsstoffe wie zum Beispiel Eisen, Magnesium, Calcium, Kalium, B-Vitamine und Vitamin E. Sie können Buchweizen als geschältes Korn erhalten oder auch in Form von Mehl, Grütze und Grieß. Buchweizen ist glutenfrei.

Amaranth
Diese Kerne sind sogar noch kleiner als die von Senfkörnern. Ihr Geschmack ist leicht süß und nussig. Amarant enthält wertvolle Fettsäuren, Eiweiß, Ballaststoffe, Eisen und Calcium.

Chia-Samen
Chia ist ein absolutes Superfood und galt bereits vor vielen Jahren bei den Azteken und Mayas als absolutes Grundnahrungsmittel. Sie enthalten die doppelte Menge an wertvollem Protein im Vergleich zu anderen Getreidesorten. Chia-Samen enthalten lösliche Ballaststoffe, weswegen sie innerhalb von 10 Minuten die doppelte Flüssigkeitsmenge aufnehmen können.

Quinoa
Dieses Pseudo-Getreide ähnelt optisch Hirse und Sesam und wird oftmals damit verwechselt. Ursprünglich stammt Quinoa aus den Anden und ist dort ein Grundnahrungsmittel. Quinoa ist glutenfrei und enthält viele wertvolle Inhaltsstoffe wie Calcium, Eisen, Proteine und Ballaststoffe. Zu kaufen gibt es die Quinoa-Körner bereits geschält. Bei der Zubereitung müssen die Körner mit der doppelten oder dreifachen Menge an Flüssigkeit gegart werden.

Nudeln – vielfältig einzusetzen

Nudeln sind in der ganzen Welt ein beliebtes Nahrungsmittel. Die vielfältigen Einsatzmöglichkeiten zum Beispiel als Beilage, in Suppen oder auch als Hauptgericht machen dieses Nahrungsmittel zum Alleskönner. In wohl jedem Land gibt es mit Nudeln ganz typische Gerichte, wie zum Beispiel in Deutschland Maultauschen oder Spätzle, in Italien Spaghetti, Cannelloni oder Penne, in der asiatischen Küche Ramen, Soba oder Glasnudeln.

Nudeln können aus verschiedenen Getreidesorten hergestellt werden. Sie sind lange haltbar und in vielen verschiedenen Formen und Varianten erhältlich. Wohl kaum ein Grundnahrungsmittel ist so vielfältig einsetzbar.

Es gibt sogar viele Nudeln aus der asiatischen Küche, die müssen nicht gekocht werden. Sie werden nur mit einer heißen Flüssigkeit übergossen. Ansonsten sind Nudeln in weniger als 20 Minuten zubereitet und 1 Jahr lang haltbar.

Kartoffeln - die Knolle für alle Figurbewussten

Es gibt verschiedene Varianten wie zum Beispiel „mehligkochend", „festkochend" oder „vorwiegend festkochend". Kartoffeln sind vielfältig einsetzbar und ein absolutes Grundnahrungsmittel. Sie können zum Beispiel als Gnocchi, als Gratin, als Pellkartoffeln oder Salzkartoffeln, als Knödel oder auch als Schupfnudeln gegessen werden. Diese figurbewusste Knolle kommt bei 100 g (inklusive Schale) auf 70 Kalorien. Kartoffeln bestehen zu 75 % aus Wasser und enthalten noch Eiweiß und Kohlenhydrate. Das perfekte Food für eine gesunde und ausgewogene Ernährung.

Hinweis

Sie haben hier nun bereits viele Tipps und interessante Informationen zur vegetarischen Ernährung bekommen, doch wir haben noch weitere interessante Tipps und wertvollen Input für Sie: Lesen Sie gerne die Einführungen zu den einzelnen Kategorien und erfahren Sie mehr über facettenreiche Frühstücksideen, frische Salate, kreative Dressings oder unterschiedliche Reissorten.
Es gibt viel zu entdecken in der Veggie-Küche und genau dabei wünschen wir Ihnen nun viel Freude!

Hinweis zu den Rezepten

Haben Sie bereits durch das Buch geblättert? Dann ist Ihnen sicherlich bereits aufgefallen, dass in diesem Buch auf die typischen Serviervorschläge verzichtet wurde. Die Frage, die sich Ihnen nun vermutlich stellt, ist, warum das so ist. Gerne möchten wir Ihnen hierzu an dieser Stelle eine kurze Erläuterung geben. Aussagekräftige und hochqualitative Bilder sind nicht nur sehr teuer in der Erstellung oder Beschaffung, sondern vor allem auch im Druck. Niemand möchte auf den Kosten sitzen bleiben und Sie könnten von dem Kochbuch nicht im aktuellen Umfang profitieren, wenn wir den Preis verlangen müssten, den es aufgrund der Bebilderung haben würde. Wir möchten Ihnen mit diesem Kochbuch einen Mehrwert im Alltag bieten und Ihnen gleichzeitig unnötige Produktionskosten ersparen. In unseren Augen ist das nämlich ein fairer Umgang mit unseren treuen Leserinnen und Lesern.

Prinzipiell sind die Rezepte in diesem Buch ganz einfach Schritt für Schritt erklärt, sodass wirklich nichts schiefgehen kann. Und wenn wir mal ehrlich sind, sehen bei Ihnen die fertig gekochten Gerichte so aus, wie auf den Hochglanzbildern mancher Kochbücher? Nein? Das liegt nicht selten daran, dass diese, schon während der Bildaufnahmen, mit verschiedenen technischen Mitteln künstlich bearbeitet und verschönert wurden. Zu Recht sind Sie also nicht dazu bereit, zwischen 20 und 50 Euro mehr zu bezahlen. Durch den Verzicht auf ein bebildertes Kochbuch müssen Sie also keine „unzutreffenden"-Serviervorschläge bezahlen und können trotzdem mit den Rezepten zu einem deutlich günstigeren Preis voll auf Ihre Kosten kommen.

Des Weiteren hat Kochen auch immer etwas mit der eigenen Kreativität zu tun. Sie werden besonders am Anfang vermutlich die Rezepte so nachkochen, wie Sie sie hier vorfinden, doch schnell werden Sie eigene Variationen kreieren – Sie werden also selbst kreativ und können Ihren kulinarischen Ideen freien Lauf lassen. Spätestens dann sind die Serviervorschläge nicht mehr up to date. Und wenn wir schon einmal bei der eigenen kulinarischen Kreativität sind, am Ende des Buches finden Sie mehrere Rezeptvorlagen, an denen Sie Ihre Eigenkreationen nach Lust und Laune implementieren können. Dazu erfahren Sie aber später unter dem Kapitel „BONUS: Rezeptvorlagen zum Ausfüllen" mehr. Dieses Kochbuch vereint geschmackvolle Rezepte mit individuellem Tatendrang, sodass Sie sich frei auslassen können. Wir wünschen Ihnen schon an dieser Stelle ein gutes Gelingen und natürlich einen guten Appetit!

Nährwertangaben und Abkürzungen

Bei jedem Rezept werden Sie natürlich auch die Nährwertangaben vorfinden. Die Angaben beziehen sich jeweils auf eine Portion, allerdings können diese variieren. Das hat gleich mehrere Gründe. Zum einen richten sich die Nährwertangaben verschiedener Produkte nur an Durchschnittswerten. So kann beispielsweise der Fruchtzuckergehalt zwischen den einzelnen Obstsorten variieren, aber auch innerhalb derselben Fruchtsorte unterschiedlich ausfallen. Die Produkte können also natürlichen Schwankungen unterliegen. Zum anderen gibt es erhebliche Schwankungen zwischen Bio- beziehungsweise TK-Obst und Gemüse und dem konventionellen Anbau, sodass auch hier Veränderungen bezüglich der Nährwerte resultieren können. Ein weiterer Punkt, weshalb Nährwertangaben variieren können, sind eigene Rezeptkreationen. Jeder von uns probiert gerne eigene Abwandlungen und Speisekompositionen aus. So macht das Kochen Spaß und weckt die Kreativität des Einzelnen. Allerdings kann das zu abgewandelten Nährwertangaben führen, denn es macht durchaus einen Unterschied, ob Schmand oder fettarmer Naturjoghurt verwendet wird. Bedenken Sie also, dass die Nährwerte sämtlicher Rezepte lediglich Durchschnittswerte sind und sich explizit auf das Rezept, so wie Sie es in diesem Kochbuch vorfinden, richten.

In jedem Rezept werden Sie zusätzlich noch Angaben zur Portion vorfinden, ebenso zur Zubereitungszeit und dem Schwierigkeitsgrad der Zubereitung. Hieran können Sie sich orientieren, wenn Sie eines der Rezepte für Ihre Liebsten nachkochen möchten. Hier finden Sie übrigens noch eine Erklärung der in den Rezepten verwendeten Abkürzungen.

Kurze Erklärung zu den entsprechenden Abkürzungen:

EL	Esslöffel
g	Gramm
kcal	Kilokalorie
kg	Kilogramm
l	Liter
ml	Milliliter
Msp.	Messerspitze
Pkg.	Packung
Stk.	Stück
TL	Teelöffel

Frühstück

Immer nur Brötchen, Marmelade und Käse – das wird irgendwann langweilig.
In diesem Kapitel zeigen wir Ihnen, wie Sie ganz abwechslungsreich in den Tag starten können – von süßen bis herzhaften Variationen. Pancakes, Porridge, Smoothies und leckere Sandwiches eröffnen viele Frühstücksmöglichkeiten und schenken Ihnen schnell wertvolle Energie für den Tag.

Müsli ist ein echter Fitmacher! Wer bereits zum Frühstück eine Portion isst, bleibt den gesamten Nachmittag über vital, konzentriert und fit. Zudem kann mit einem gesunden und vitalstoffreichen Müsli auch einem Mineralstoff- und Vitaminmangel vorgebeugt werden. Ein hochwertiges Frühstücksmüsli sollte immer Vollkorngetreide enthalten, zudem Samen und Nüsse.
Wir empfehlen Ihnen Müsli-Mischungen selbst zuzubereiten, denn Fertigmischungen enthalten leider viel zu viel Zucker.

Nüsse, Kerne und Samen sind aber nicht nur ein wertvoller Bestandteil von Müsli-Mischungen, sondern ein ausgezeichnetes Topping für Joghurt oder Porridges. Sie verleihen dem Frühstück eine herrlich würzig-geröstete Geschmacksnote.

Mit folgenden Zutaten können Sie Ihre Frühstücksmahlzeit noch schmackhafter und vielseitiger gestalten:
Cashewkerne, Macadamia-Nüsse, Haselnusskerne, Paranüsse, Pistazien, Sesam, Walnusskerne, Rauchmandeln, Kürbiskerne oder Erdnüsse.
Doch Achtung: Hier gilt das Motto „weniger ist mehr“: Nüsse sind echte Kraftpakete und sollte daher nur in geringen Mengen verzehrt werden.

Versuchen Sie auch Ihr Frühstück mit Exoten wie Chiasamen, Acai- oder Goji-Beeren zu verfeinern.

Sie können auch Leinsamen verwenden, doch bitte nur geschrotet: Sie können im Magen und im Darm perfekt aufquellen und optimal wirken. Bewahren Sie Leinsamen zudem am besten im Kühlschrank auf, denn sie können schnell ranzig werden.

Lassen Sie es sich schmecken!

1. Frühstücks-Smoothie

Kalorien: 185 kcal | Fett: 4 g | Kohlenhydrate: 23 g | Eiweiß: 8 g

Zubereitungszeit: 10 min
Portionen: 1
Schwierigkeit: leicht

Zutaten:

- ½ Bio-Banane
- 150 ml ungesüßter Sojadrink (Natur)
- 15 g Ingwer

Zubereitung:

1. Beginnen Sie zuerst damit, die Orange zu schälen. Entfernen Sie auch so gut wie möglich die weiße Haut. Die Orange anschließend klein schneiden.
2. Die Banane schälen und klein schneiden.
3. Geben Sie die Banane und die Orange in einen Rührbecher.
4. Den Ingwer schälen und auch klein schneiden. Den Sojadrink zusammen mit dem Ingwer in den Rührbecher geben. Alles mit einem Pürierstab zu einer feinen Konsistenz pürieren.
5. Sie können den Smoothie noch etwa 30 Minuten kühl stellen, wenn Sie möchten. Anschließend in ein Glas füllen und genießen.

Tipp: Für ein optisches Highlight können Sie noch ein paar Haferflocken auf den Smoothie streuen oder etwas Kakaopulver.

2. Do-it-yourself-Granola

Kalorien: 250 kcal | Fett: 9 g | Kohlenhydrate: 27 g | Eiweiß: 8 g

Zubereitungszeit: **30 min**
Portionen: **10**
Schwierigkeit: **leicht**

Zutaten:

- 50 g Rosinen
- 25 g gehackte Haselnusskerne
- 25 g Kürbiskerne
- 50 g Sesamsamen
- 75 ml Agavendicksaft
- 60 g Sonnenblumenkerne
- 50 g Leinsamen
- 250 g 4-Korn-Vollkornflocken

Zubereitung:

1. Vermengen Sie für das Müsli zuerst die Haselnusskerne mit den Leinsamen, den Kürbiskernen und den Sesamsamen. Geben Sie diese Mischung nun in eine Pfanne und rösten sie fettfrei an. Anschließend auf einem Teller abkühlen lassen.
2. Rösten Sie die 4-Korn-Vollkornflocken ebenfalls in der Pfanne kurz an. Geben Sie die vorher geröstete Leinsamen-Kürbiskern-Mischung hinzu. Den Agavendicksaft darüber geben und für 3 Minuten alles karamellisieren lassen.
3. Nehmen Sie die Granola-Mischung von der Kochstelle und lassen sie für 15 Minuten auskühlen.
4. Anschließend können Sie die Rosinen hinzugeben und alles in der Pfanne miteinander vermengen. Auskühlen lassen und in einer luftdicht verschlossenen Dose aufbewahren.

3. Starter-Müsli mit Früchten

Kalorien: 225 kcal | Fett: 1 g | Kohlenhydrate: 45 g | Eiweiß: 5 g

Zubereitungszeit: 10 min
Portionen: 1
Schwierigkeit: leicht

Zutaten:

- 2 EL kernige Haferflocken
- 100 g Brombeeren
- 1 Apfel
- 1 TL Sonnenblumenkerne
- 100 g Sojajoghurt mit Zitronen-Geschmack
- 1 TL flüssiger Bio-Waldhonig

Zubereitung:

1. In einem ersten Schritt die Brombeeren waschen. Den Apfel waschen, vierteln, entkernen und raspeln.
2. Geben Sie nun den Sojajoghurt mit den Brombeeren und dem Apfel in eine Dessertschale.
3. Die Sonnenblumenkerne und die Haferflocken vermengen und servieren.

4. Veganes Bircher-Müsli

Kalorien: 489 kcal | Fett: 17 g | Kohlenhydrate: 62 g | Eiweiß: 10 g

Zubereitungszeit: 20 min
Portionen: 1
Schwierigkeit: leicht

Zutaten:

- 3 TL Saft einer Bio-Zitrone
- 3 EL kernige Haferflocke
- ½ Bio-Banane
- 1 Bio-Orange
- 1 Apfel
- 1 EL Rosinen
- 1 EL Walnusskernhälften
- 125 ml ungesüßter Mandeldrink

Zubereitung:

1. In einem ersten Schritt den Mandeldrink mit den Rosinen und den Haferflocken vermengen und 10 Minuten quellen lassen.
2. Hacken Sie nun die Walnusskerne klein. In einer Pfanne die Walnusskerne nun ohne Fettzugabe kurz anrösten. Anschließend auf einem Teller erkalten lassen.
3. Waschen, vierteln und entkernen Sie nun den Apfel. Anschließend mit einer Reibe raspeln und unter die eingeweichten Haferflocken geben.
4. Die Orange schälen, die weiße Haut entfernen und klein schneiden.
5. Die Banane schälen und in Scheiben schneiden.
6. Geben Sie nun den Zitronensaft zu dem Müsli hinzu. Vermenge Sie alles miteinander und geben die Orange und die Banane als Garnitur über das Müsli. Zum Schluss noch die Walnusskerne als Topping darüber geben und servieren.

5. Vegetarisches Frühstücks-Toast

Kalorien: 287 kcal | Fett: 9 g | Kohlenhydrate: 43 g | Eiweiß: 4 g

Zubereitungszeit: 20 min
Portionen: 2
Schwierigkeit: leicht

Zutaten:

- 2 TL flüssiger Bio-Waldhonig
- 2 Äpfel
- 4 EL Rapsöl
- 2 Scheiben Rosinenbrot
- ½ Vanilleschote
- 1 Prise Salz
- 1 EL Zitronensaft
- 1 TL Ceylon-Zimt
- 1 frisches Bio-Ei
- 50 ml Bio-Frischmilch
- 1 EL Rohrzucker

Zubereitung:

1. Widmen Sie sich zuerst den Äpfeln. Schälen, vierteln, entkernen und schneiden sie anschließend in Spalten.
2. Die Vanilleschote aufschneiden und das Mark herausholen. Geben Sie nun in eine Schüssel den Zitronensaft, das Mark der Vanilleschote, Zucker und Zimt. Die Apfelspalten hinzugeben und gründlich miteinander vermischen.
3. Verquirlen Sie nun das Ei mit der Milch in einem tiefen Teller. Tauchen Sie die Brotscheiben nacheinander von beiden Seiten hinein.
4. Erhitzen Sie in einer Pfanne nun die Hälfte des Öls und braten darin die Apfelscheiben an. Das restliche Öl in einer separaten Pfanne erhitzen und die Brotscheiben anbraten.
5. Legen Sie nun die gebratenen Apfelscheiben auf den Toast. Den Honig darüber träufeln und servieren.

6. Veganer Obstsalat mit Körnern

Kalorien: 487 kcal | Fett: 13 g | Kohlenhydrate: 66 g | Eiweiß: 12 g

Zubereitungszeit: 15 min
Portionen: 2
Schwierigkeit: leicht

Zutaten:

- 1 Apfel
- 1 Banane
- 1 Kiwi
- 100 g 4-Korn-Vollkornflocken
- 100 ml naturtrüber Apfelsaft
- 2 EL Mandelmus
- 1 EL Rosinen
- 1 EL Agavendicksaft

Zubereitung:

1. Geben Sie am Vortrag die Getreideflocken in eine Schüssel mit Wasser und stellen sie über Nacht in den Kühlschrank.
2. Am nächsten morgen können Sie die eingeweichten Flocken in einem Sieb austropfen lassen.
3. Widmen Sie sich nun dem Obstsalat. Hierfür die Äpfel schneiden, entkernen und vierteln. Die Banane schälen und in Scheiben schneiden. Die Kiwi schälen und klein schneiden.
4. Geben Sie das Mandelmus mit dem Apfelsaft und dem Agavendicksaft in eine Schüssel und verrühren alles. Das Obst, die Rosinen und die eingeweichten Flocken hinzugeben. Alles gründlich miteinander vermengen und servieren.

7. Ballaststoffquelle „würziges Porridge"

Kalorien: 188 kcal | Fett: 5 g | Kohlenhydrate: 26 g | Eiweiß: 5 g

Zubereitungszeit: **5 min**
Portionen: **1**
Schwierigkeit: **leicht**

Zutaten:

- 100 ml Mandeldrink, ungesüßt
- 3 EL kernige Haferflocken
- 1 TL Kokosblütenzucker
- 250 ml kaltes Wasser
- 1 Prise Salz
- 1 Gewürznelke

Zubereitung:

1. Geben Sie zuerst das Wasser, die Gewürznelke und das Salz in einen Topf und lassen alles kurz aufkochen. Für 10 Minuten zugedeckt bei geringer Hitze quellen lassen.
2. Nehmen Sie den Topf von der Kochstelle und entfernen die Gewürznelke. Mengen Sie den Zucker unter das Porridge und füllen es in eine Müslischale.
3. Erwärmen Sie in einem zweiten Kochtopf den Mandeldrink und geben diesen anschließend über das Porridge. Alles gründlich miteinander vermengen und genießen.

Tipp: Zu diesem klassischen Porridge passen wunderbar frische Früchte wie Heidelbeeren, Erdbeeren, Brombeeren oder auch eine Mango.

8. Herzhaftes Müsli

Kalorien: 223 kcal | Fett: 4 g | Kohlenhydrate: 29 g | Eiweiß: 11 g

Zubereitungszeit: 25 min
Portionen: 4
Schwierigkeit: leicht

Zutaten:

- 200 ml Bio-Frischmilch (1,5 %)
- 150 g körniger Frischkäse
- 60 g Weizenschrot
- 1 Apfel
- 60 g Haferschrot
- 1 Bund Schnittlauch
- 2 Stangen Staudensellerie
- 1 grüne Paprika
- Pfeffer, Kräutersalz
- 250 ml kaltes Wasser

Zubereitung:

1. Weichen Sie am Vorabend den Hafer- und Weizenschrot im Wasser ein. Über Nacht im Kühlschrank quellen lassen.
2. Am nächsten morgen die Paprika waschen, entkernen und klein schneiden. Den Staudensellerie waschen und klein schneiden. Den Schnittlauch waschen und in Röllchen schneiden. Den Apfel waschen, entkernen und reiben.
3. Geben Sie nun den körnigen Frischkäse zu dem Hafer- und Weizenschrot hinzu. Die Sellerie und die Paprika hinzugeben und vermischen. Die Milch zusammen mit dem Schnittlauch und dem geriebenen Apfel hinzugeben und alles vermengen.
4. Würzen Sie noch mit etwas Pfeffer und Kräutersalz und servieren ihr herzhaftes Frühstück.

9. Fruchtiger Beeren-Chia-Pudding

Kalorien: 295 kcal | Fett: 21 g | Kohlenhydrate: 11 g | Eiweiß: 10 g

Zubereitungszeit: 15 min
Portionen: 2
Schwierigkeit: leicht

Zutaten:

- 2 EL Kakao-Nibs
- 200 ml ungesüßter Mandeldrink
- 100 g Himbeeren
- 1 Msp. gemahlene Vanille
- 40 g Chia-Samen
- 2 EL rohes Kakaopulver

Zubereitung:

1. Vermengen Sie in einer Rührschüssel zuerst die gemahlene Vanille, den Mandeldrink und das Kakaopulver miteinander. Die Chia-Samen untermischen und mindestens 10 Minuten quellen lassen.
2. Die Mandel-Chia-Mischung als nächstes kurz durchrühren und auf zwei Schalen verteilen. Den Chia-Pudding nun im Kühlschrank über Nacht quellen lassen.
3. Am nächsten Morgen die Himbeeren waschen und mit einem Pürierstab zu einer feinen Creme pürieren.
4. Das Himbeer-Püree auf dem Chia-Pudding verteilen und mit den Kakao-Nibs garnieren.
5. Guten Appetit!

10. Overnight-Oats mit Spinat & Banane

Kalorien: 330 kcal | Fett: 13 g | Kohlenhydrate: 37 g | Eiweiß: 9 g

---

Zubereitungszeit: 10 min
Portionen: 2
Schwierigkeit: leicht

Zutaten:

- 2 EL Kokosraspeln
- 100 g Blattspinat
- 40 g Erdbeeren
- 1 Bio-Banane
- 1 Msp. gemahlene Vanille
- 200 ml ungesüßter Mandeldrink
- 80 g Vollkorn-Haferflocken

Zubereitung:

1. Zuerst den Blattspinat waschen, schleudern und klein schneiden. Die Banane schälen und ebenfalls klein schneiden.
2. Geben Sie nun den Blattspinat mit der gemahlenen Vanille, dem Mandeldrink und der Banane in eine Küchenmaschine. Alles fein pürieren. Mischen Sie die Haferflocken unter und pürieren nochmals kurz durch.
3. Verteilen Sie die Haferflocken-Mischung nun auf 2 Schraubgläser und stellen diese über Nacht in den Kühlschrank.
4. Am nächsten Morgen die Erdbeeren waschen und klein schneiden. Die Overnight-Oats mit den Kokosraspeln bestreuen, die Erdbeeren darüber geben und servieren.

Tipp: Sie können anstelle von Banane, Spinat und Erdbeeren auch andere Varianten je nach Saison und Verfügbarkeit probieren. Lebkuchengewürz, Zimt, Cranberrys, Heidelbeeren, Mango, Orange, Sternanis oder auch Kakaopulver können ein paar Inspirationen sein. So können Sie Ihre Overnight-Oats immer wieder abwechslungsreich und gesund gestalten. Probieren Sie hier ruhig immer wieder neue Varianten aus.

11. Erdbeer-Joghurt mit Mandeln & Quinoa

Kalorien: 260 kcal | Fett: 13 g | Kohlenhydrate: 26 g | Eiweiß: 8 g

Zubereitungszeit: **15 min**
Portionen: **2**
Schwierigkeit: **leicht**

Zutaten:

- 1 Msp. gemahlene Vanille
- 50 g weiße Quinoa
- 150 g Erdbeeren
- 15 g Mandeln
- 150 g griechischer Joghurt

Zubereitung:

1. Geben Sie die Quinoa zuerst in ein Sieb und brausen diese kurz ab. Anschließend 150 ml Wasser in einen Topf geben und zum Kochen bringen. Quinoa hinzugeben und für 10 Minuten bei moderater Hitzezufuhr köcheln lassen. Quinoa herausnehmen und abkühlen lasse.
2. Die Mandeln klein hacken. Die Erdbeeren waschen und klein schneiden.
3. Geben Sie die Quinoa zusammen mit dem Joghurt und der Vanille in eine Dessertschale. Gut miteinander verrühren und mit den Erdbeeren und Mandeln garnieren.

12. Zimt-Nuss-Porridge

Kalorien: 765 kcal | Fett: 58 g | Kohlenhydrate: 41 g | Eiweiß: 17 g

Zubereitungszeit: **20 min**
Portionen: **2**
Schwierigkeit: **leicht**

Zutaten:

- 20 g Haselnusskerne
- 400 g Kokosmilch
- 20 g Walnusskerne
- 1 Msp. gemahlene Vanille
- 20 g Mandeln
- ½ TL Ceylon-Zimt
- 100 g Hirse

Zubereitung:

1. Geben Sie das Zimtpulver mit der Kokosmilch und der gemahlenen Vanille in einen Topf. Die Hirse in einem Sieb abwaschen und kurz abtropfen lassen. Anschließend zur Kokosmilch hinzugeben und alles für 15 Minuten aufkochen lassen.
2. Widmen Sie sich nun den Nüssen. Die Walnusskerne, die Haselnusskerne und die Mandeln klein hacken. Geben Sie die Nüsse nun in eine Pfanne und rösten sie ohne Fettzugabe für 3 Minuten an.
3. Geben Sie das Porridge nun auf zwei Schälchen. Die Nüsse als Topping darüber geben und genießen.

13. Griechischer Joghurt mit Kürbispüree

Kalorien: 430 kcal | Fett: 35 g | Kohlenhydrate: 13 g | Eiweiß: 13 g

Zubereitungszeit: **10 min**
Portionen: **2**
Schwierigkeit: **leicht**

Zutaten:

- ½ TL Ceylon-Zimt
- 250 g Hokkaido-Kürbis
- 10 g Chia-Samen
- 300 ml ungesüßter Mandeldrink
- 300 g griechischer Joghurt
- 1 EL Kokoschips
- 2 EL Sonnenblumenkerne
- 2 EL Kürbiskerne

Zubereitung:

1. Den Kürbis zuerst waschen, entkernen und in Stücke schneiden. Geben Sie den Mandeldrink in einen Topf. De Kürbis hineingeben und für 15 Minuten köcheln lassen. Anschließend mit dem Pürierstein zu feinem Püree pürieren.
2. Geben Sie die Sonnenblumenkerne, Kürbiskerne und die Kokoschips in eine Pfanne und rösten sie ohne Fettzugabe kurz 2 Minuten an.
3. Den Joghurt auf Dessertschalen geben und 2 EL Kürbispürees auf die Schalen verteilen. Die Kernmischung darüber geben und mit Chia-Samen und Zimtpulver bestreuen.

Tipp: Das Kürbispüree reicht für ungefähr 13 Portionen. Sie können den Rest am nächsten Tag verwenden oder in Eiswürfeln einfrieren.

14. Herzhafter Gemüse-Taler

Kalorien: 435 kcal | Fett: 41 g | Kohlenhydrate: 4 g | Eiweiß: 10 g

Zubereitungszeit: **20 min**
Portionen: **2**
Schwierigkeit: **leicht**

Zutaten:

- 6 Stängel Schnittlauch
- 300 g Zucchini
- Pfeffer, Kräutersalz
- 1 rote Zwiebel
- 1 Avocado
- 2 frische Bio-Eier
- 2 EL Kokosöl

Zubereitung:

1. In einem ersten Schritt die Zucchini waschen und klein schneiden. Die rote Zwiebel schälen und ebenfalls klein schneiden. Die Avocado halbieren, den Kern entfernen und das Fruchtfleisch klein schneiden. Den Schnittlauch waschen und in Röllchen schneiden.
2. Erhitzen Sie in einer Pfanne das Kokosöl und geben die Zwiebel und die Zucchini hinein. Für 3 Minuten andünsten.
3. Verquirlen Sie die Eier in einer Schüssel. Mit Pfeffer und Kräutersalz würzen. Geben Sie die Avocado in die Pfanne und gießen die Ei-Masse hinein. Die Frittata nun für 5 Minuten stocken lassen. Anschließend umdrehen und nochmals kurz anbraten.
4. Halbieren Sie die Frittata und geben sie auf zwei Teller. Den Schnittlauch als Garnitur darüber geben und servieren.

15. Champignon-Petersilien-Omelett

Kalorien: 370 kcal | Fett: 28 g | Kohlenhydrate: 3 g | Eiweiß: 23 g

Zubereitungszeit: **15 min**
Portionen: **2**
Schwierigkeit: **leicht**

Zutaten:

- 2 EL Sesamöl
- 100 g Champignons
- Pfeffer, Meersalz
- 1 rote Chilischote
- 1 Strauchtomate
- 6 frische Bio-Eier
- 2 Frühlingszwiebeln
- 4 Stängel Petersilie

Zubereitung:

1. Waschen Sie zuerst die Pilze und schneiden sie in Scheiben. Die Tomate waschen und klein schneiden. Achten Sie darauf, dass Sie den Stielansatz entfernen. Die Chilischote halbieren, die Kerne entfernen und ebenfalls klein schneiden. Die Frühlingszwiebeln waschen und in Ringe schneiden. Die Petersilie waschen und klein hacken.
2. Vermengen Sie in einer Schüssel die Eier mit Pfeffer und Meersalz.
3. Die Champignons zusammen mit der Tomate, den Frühlingszwiebeln und der Chili untermischen.
4. Erhitzen Sie in einer Pfanne das Sesamöl und geben die Ei-Masse hinein. Das Omelette nun für 5 Minuten bei mittlerer Hitzezufuhr ausbacken. Anschließend zusammenklappen, halbieren und auf Tellern anrichten. Guten Appetit!

Hauptgerichte - aus Pfanne & Topf

Wenn Ihnen der bisherige Inhalt in diesem Buch gefallen hat, würden wir uns sehr über ein Feedback von Ihnen freuen. Bitte nehmen Sie sich nur 2 Minuten Zeit und hinterlassen unter **www.amazon.de/ryp** eine Rezension.

Ihr Feedback hilft uns künftig, noch zielgruppenspezifischere und noch wertvollere Inhalte zur Verfügung zu stellen. Gleichzeitig unterstützen Sie damit auch andere Leserinnen und Leser, auf unser Buch aufmerksam zu werden und Mehrwert für ihren Alltag daraus zu beziehen.

Vielen Dank für Ihre Zeit!

In der vegetarischen Küche können Sie ohne großen Aufwand und mit vielen gesunden, bunten Zutaten zahlreiche geschmackvolle Hauptgerichte kreieren.

Italienisch angehaucht, mediterran oder doch lieber asiatisch? Ganz egal, welche Geschmackspräferenzen Sie und Ihre Lieben auch haben, die vegetarische Küche bietet Ihnen unendlich viele Möglichkeiten. Sie werden sehen, dass Einschränkung und Verzicht absolut nicht mit der Veggie-Küche vereinbar sind.

Entdecken Sie immer neue Geschmäcker und Kreationen und fühlen Sie sich auch frei, mit Gewürzen und Aromen zu experimentieren: Zimt, Kurkuma, frischer Koriander, Kreuzkümmel, Curry oder scharfer Ingwer eröffnen Ihnen spannende Möglichkeiten. Vegetarisch – köstlich – gesund!

Wir wünschen Ihnen viel Vergnügen beim Nachkochen!

16. Kichererbsen-Puffer mit Pita-Brot

Kalorien: 449 kcal | Fett: 12 g | Kohlenhydrate: 60 g | Eiweiß: 19 g

Zubereitungszeit: **25 min**
Portionen: **4**
Schwierigkeit: **leicht**

Zutaten:

- 250 g Kräuterquark
- 125 g getrocknete Kichererbsen
- 4 Pita-Brottaschen
- 150 ml Gemüsebrühe
- 1 Knoblauchzehe
- 2 Strauchtomaten
- 4 Salatblätter
- ½ Bund gehackte Petersilie
- Pfeffer, Kümmel, Kräutersalz
- 2 Minzstiele, gehackt
- 1 EL Rapsöl
- 1 frisches Bio-Ei
- 20 g Speisestärke
- Paprikapulver, edelsüß

Zubereitung:

1. Weichen Sie am Vorabend die Kichererbsen in Wasser ein. Über Nacht zugedeckt quellen lassen. Am nächsten Tag abgießen und mit der Gemüsebrühe in einem Topf zum Kochen bringen. Zugedeckt 30 Minuten köcheln lassen. Anschließend herausnehmen und abtropfen lassen.

2. Die Zwiebel und den Knoblauch schälen und klein hacken. Geben Sie die Kichererbsen zusammen mit dem Knoblauch, der Zwiebel und der Petersilie in eine Küchenmaschine und pürieren alles cremig. Die Masse nun mit Paprikapulver, Minze, Pfeffer, Kümmel und Salz würzen. Nach und nach noch das Ei und die Speisestärke hinzugeben und alles zu einem Teig verkneten. Formen Sie daraus nun Puffer.

3. Erhitzen Sie in einer Pfanne das Öl und backen darin die Taler von beiden Seiten je 3 Minuten aus. Anschließend auf etwas Küchenpapier austropfen lassen.

4. Die Salatblätter und die Tomaten waschen und klein schneiden. Toasten Sie die Pita-Scheiben und geben etwas Kräuterquark hinein. Die Salatblätter, die Tomaten und die Kichererbsen-Puffer hineingeben und servieren.

17. Vegetarische Rösti

Kalorien: 503 kcal | Fett: 33 g | Kohlenhydrate: 40 g | Eiweiß: 7 g

Zubereitungszeit: 25 min
Portionen: 4
Schwierigkeit: leicht

Zutaten:

- 2 EL Italienische Kräuter
- 1 ½ EL Apfelessig
- 8 Radieschen
- 200 g Feldsalat
- 4 große festkochende Kartoffeln
- 2 große Zucchini
- 1 Schalotte
- 1 TL flüssiger Bio-Waldhonig
- 3 EL Walnussöl
- 2 EL Olivenöl
- 2 weiße Zwiebeln
- Kräutersalz, Pfeffer
- 2 El Speisestärke

Zubereitung:

1. Beginnen Sie zuerst mit den Kartoffeln. Waschen Sie diese und reiben Sie sie. Die Zucchini waschen und klein raspeln. Geben Sie nun die geriebenen Kartoffeln in ein nasses Geschirrtuch und lassen es kurz einwirken. Anschließend das Geschirrtuch mit den Kartoffeln etwas auswringen.
2. Schälen Sie die Zwiebeln und reiben sie klein. Anschließend mit den Zucchini unter die Kartoffeln mengen. Die Speisestärke hinzugeben und mit Pfeffer und Salz würzen. Erhitzen Sie in einer Pfanne 2 EL Olivenöl und backen darin die Rösti von beiden Seiten je 5 Minuten lang aus. Die Rösti wenden und nochmals 5 Minuten ausbacken.
3. Vermengen Sie für die Vinaigrette nun den Honig mit Salz, Pfeffer und dem Apfelessig. Das Walnussöl untermischen. Die Schalotte waschen, schälen und klein schneiden. Die italienischen Kräuter zusammen mit der Schalotte unter die Vinaigrette geben. Den Feldsalat und die Radieschen waschen und klein schneiden. Feldsalat, mit den Radieschen und der Vinaigrette vermengen und zu den Rösti servieren.

18. Gemüse-Allerlei

Kalorien: 219 kcal | Fett: 7 g | Kohlenhydrate: 23 g | Eiweiß: 8 g

Zubereitungszeit: **30 min**
Portionen: **2**
Schwierigkeit: **leicht**

Zutaten:

- Paprikapulver, Pfeffer, Meersalz
- 1 Dose Mais
- 1 weiße Zwiebel
- 2 Stängel Petersilie
- 1 Knoblauchzehe
- 50 g Sojabohnenkeimlinge
- 1 Paprikaschote
- 75 ml Gemüsebrühe
- 1 rote Chilischote
- 100 g TK-Zuckerschoten
- 1 EL Rapsöl
- 1 Lauch

Zubereitung:

1. Schälen und würfeln Sie die Zwiebel und den Knoblauch. Die Paprika waschen und klein schneiden. Die Chilischote halbieren, entkernen und klein schneiden. Den Lauch waschen und klein schneiden.
2. Erhitzen Sie in einer Pfanne das Öl und dünsten darin die Zwiebel und den Knoblauch an. Die Zuckerschoten, den Lauch und die Paprika hinzugeben und verrühren. Löschen Sie alles mit der Gemüsebrühe ab und lassen das Gemüse 3 Minuten köcheln.
3. In der Zwischenzeit die Sojabohnenkeimlinke verlesen und abspülen. Die Petersilie waschen und klein hacken. Den Mais abtropfen lassen.
4. Geben Sie den Mais, die Chili und die Keimlinge zur Gemüsepfanne hinzu. Alles nochmals 2 Minuten köcheln lassen.
5. Würzen Sie das Gemüse nun mit Pfeffer, Paprikapulver und Salz nach Belieben ab. Die Petersilie hinzugeben und alles auf Tellern anrichten und servieren.

19. Bunte Frittata

Kalorien: 290 kcal | Fett: 22 g | Kohlenhydrate: 8 g | Eiweiß: 11 g

Zubereitungszeit: **20 min**
Portionen: **2**
Schwierigkeit: **leicht**

Zutaten:

- 2 EL Olivenöl
- 1 grüne Paprikaschote
- Meersalz, Pfeffer
- 2 Frühlingszwiebeln
- 2 EL Schlagsahne
- 4 Stängel Basilikum
- 3 frische Bio-Eier

Zubereitung:

1. Waschen Sie die Paprika, entfernen die Trennhäute und raspeln sie klein.
2. Die Frühlingszwiebeln waschen und ganz klein schneiden.
3. Erhitzen Sie in einer Pfanne 1 EL Olivenöl und geben die Paprikaraspeln zusammen mit den Frühlingszwiebeln hinein. Alles für 6 Minuten andünsten. Nehmen Sie das Gemüse aus der Pfanne und legen es auf einen Teller.
4. Das Basilikum waschen und klein schneiden. Geben Sie das Basilikum unter das Gemüse.
5. Verquirlen Sie in einer Schüssel die Eier mit Pfeffer und Salz. Geben Sie das Gemüse hinzu und vermengen alles gründlich.
6. Das restliche Olivenöl in der Pfanne erhitzen und die Ei-Gemüse-Masse hineingeben. Zugedeckt für 10 Minuten stocken lassen. Anschließend die Frittata aus der Pfanne nehmen und servieren.

20. Orientalisches Curry

Kalorien: 514 kcal | Fett: 14 g | Kohlenhydrate: 51 g | Eiweiß: 24 g

Zubereitungszeit: **25 min**
Portionen: **2**
Schwierigkeit: **leicht**

Zutaten:

- 100 ml Haferkochcreme
- 1 weiße Zwiebel
- Meersalz, Pfeffer
- 1 Knoblauchzehe
- 15 g Ingwer
- 1 rote Paprikaschote
- 1 grüne Paprikaschote
- 1 EL Rapsöl
- 400 ml Gemüsebrühe
- 1 TL Currypulver
- 175 g braune Linsen
- ½ TL gemahlener Kurkuma

Zubereitung:

1. Schälen Sie zuerst den Knoblauch und die Zwiebel. Die Zwiebel in Scheiben schneiden und den Knoblauch würfeln. Den Ingwer schälen und ebenfalls klein schneiden. Legen Sie ein paar Ingwerwürfel zur Seite.
2. Erhitzen Sie in einer Pfanne das Öl und dünsten darin den Knoblauch, den Ingwer und die Zwiebel an. Kurkuma und Curry hinzugeben und alles zusammen andünsten.
3. Geben Sie die Linsen hinzu und löschen alles mit der Brühe ab. Lassen Sie das Curry zugedeckt für 20 Minuten bei geringer Hitzezufuhr köcheln.
4. Waschen Sie in der Zwischenzeit die Paprika. Halbieren, die Trennhäute entfernen und klein schneiden. Geben Sie die Paprika zusammen mit der Haferkochcreme zu dem Curry hinzu und lassen nochmals alles weitere 10 Minuten köcheln.
5. Würzen Sie das Curry nach Belieben mit Pfeffer und Salz. Das Curry auf Tellern anrichten und mit dem übrigen Ingwer bestreuen. Guten Appetit!

21. Vegetarische Frikadellen

Kalorien: 154 kcal | Fett: 6 g | Kohlenhydrate: 15 g | Eiweiß: 5 g

Zubereitungszeit: **25 min**
Portionen: **8 Stück**
Schwierigkeit: **leicht**

Zutaten:

- 4 EL Semmelbrösel
- 4 EL Sonnenblumenöl
- 200 g Bio-Karotten
- 200 g Mungobohnen-keimlinge
- 200 g Kartoffeln
- 3 Scheiben Vollkorn-Toastbrot
- 1 frisches Bio-Ei
- Meersalz, Pfeffer, Paprikapulver

Zubereitung:

1. Waschen Sie die Karotten, schälen sie und raspeln sie. Die Kartoffeln ebenfalls schälen und raspeln. Geben Sie die Kartoffeln und die Karotten in ein Sieb. Drücken Sie nun die Flüssigkeit heraus. Anschließend die ausgedrückten Kartoffeln und Möhren in eine Schüssel geben.
2. Die Mungo-Bohnen-Keimlinge verlesen und mit heißem Wasser in einem Sieb abspülen. Anschließend zu den Kartoffeln geben.
3. Schneiden Sie das Toastbrot in Stücke und zerkleinern es mit einer Küchenmaschine. Das Ei zusammen mit dem Brot zu den Kartoffeln und Karotten hinzugeben. Würzen Sie alles mit Pfeffer, Paprikapulver und Salz nach Ihrem Geschmack ab.
4. Formen Sie aus dem Teig nun 8 Frikadellen. Geben Sie die Semmelbrösel in einen tiefen Teller und wälzen die Frikadellen darin.
5. Erhitzen Sie 2 EL Öl in einer Pfanne und braten darin die Frikadellen für 6 Minuten von beiden Seiten. Wenden und nochmals 1 ½ EL Öl hinzugeben. Wiederholen Sie dies mit allen Frikadellen. Lassen Sie diese anschließend auf einem Küchenpapier kurz abtropfen und servieren sie dann.

22. Gefüllte Buchweizen-Pfannkuchen

Kalorien: 482 kcal | Fett: 20 g | Kohlenhydrate: 50 g | Eiweiß: 20 g

Zubereitungszeit: **25 min**
Portionen: **4**
Schwierigkeit: **leicht**

Zutaten:

- 2 EL Rapsöl
- 4 frische Bio-Eier
- 300 g reine Buttermilch
- 30 g Parmesan
- 200 g saure Sahne
- 1 Bund Rucola
- 200 g Buchweizenmehl
- 400 g Kirschtomaten
- Meersalz, Pfeffer
- 3 Zucchini
- 2 Knoblauchzehen
- 2 Bund Frühlingszwiebeln

Zubereitung:

1. Verquirlen Sie in einer Schüssel zuerst die Eier mit der sauren Sahne und der Buttermilch. Das Buchweizenmehl unterrühren und nach Belieben pfeffern und salzen. Anschließend für 30 Minuten quellen lassen.
2. Die Frühlingszwiebeln waschen und in Ringe schneiden. Den Knoblauch schälen und klein schneiden. Die Zucchini waschen und in dünne Streifen schneiden. Die Tomaten waschen und vierteln. Den Rucola als nächstes waschen, die Stiele entfernen und klein schneiden.
3. Den Parmesan etwas klein reiben. Bepinseln Sie eine Pfanne mit etwas Öl und geben etwa ¼ des Teigs hinein. Backen Sie den Teig goldbraun aus. Aus dem restlichen Teig noch 3 weitere Pfannkuchen backen. Geben Sie zwischen den einzelnen Pfannkuchen immer etwas Rapsöl hinzu.
4. Dünsten Sie nun in einer separaten Pfanne in der Zwischenzeit die Frühlingszwiebeln mit den Zucchinis und dem Knoblauch kurz an. Die Tomaten und den Rucola hinzugeben und mit Pfeffer und Salz würzen. Geben Sie die Pfannkuchen auf Teller und verteilen das Gemüse darüber. Den Parmesan als Garnitur darüber streuen und servieren.

23. Mozzarella-Champignons

Kalorien: 182 kcal | Fett: 13 g | Kohlenhydrate: 2 g | Eiweiß: 13 g

Zubereitungszeit: **25 min**
Portionen: **4**
Schwierigkeit: **leicht**

Zutaten:

- 50 g geriebener Parmesan
- Etwas Rapsöl für die Form
- 8 Riesenchampignons
- 50 g Rucola
- Pfeffer, Salz, Paprikapulver
- 1 TL Oregano, getrocknet
- 125 g Mozzarella
- 3 Strauchtomaten
- 1 EL Olivenöl

Zubereitung:

1. Fetten Sie zuerst eine Auflaufform mit etwas Rapsöl ein.
2. Den Rucola und die Tomaten waschen und klein schneiden. Den Mozzarella abgießen und ebenfalls klein schneiden. Geben Sie nun in eine Rührschüssel die Tomaten, den Mozzarella, den Rucola, den Oregano und das Olivenöl. Mit Pfeffer und Salz würzen und gründlich verrühren.
3. Putzen Sie die Champignons und trennen die Stiele heraus. Geben Sie nun die Rucola-Tomaten-Masse in die Pilze und legen sie in eine Auflaufform.
4. Den geriebenen Parmesan darüber streuen und bei 180 Grad für 15 Minuten backen. Herausnehmen und genießen.

24. Amarant-Puffer

Kalorien: 320 kcal | Fett: 9 g | Kohlenhydrate: 43 g | Eiweiß: 14 g

Zubereitungszeit: **25 min**
Portionen: **4**
Schwierigkeit: **leicht**

Zutaten:

- 1 TL Walnussöl
- 150 g Amarant
- 1 EL flüssiger Bio-Waldhonig
- 250 ml Gemüsebrühe
- 2 EL Apfelsaft
- 5 Möhren
- 1 EL Zitronensaft
- 100 g Magerquark
- 1 Apfel
- 1 frisches Bio-Ei
- 1 Bund Schnittlauch
- ½ TL Muskatnuss
- 1 EL Rapsöl
- Etwas Paniermehl
- Pfeffer, Meersalz
- 1 EL Currypulver

Zubereitung:

1. Geben Sie den Amarant zuerst in eine Pfanne und erwärmen ihn dort. Die Körner sollten aufspringen. Geben Sie die Gemüsebrühe hinzu und löschen den Amarant damit ab.
2. Die Möhren als nächstes waschen, schälen und raspeln. Geben Sie 100 g der geraspelten Möhren mit dem Quark, dem Ei und dem Amarant in eine Schüssel und vermengen alles gründlich. Würzen Sie die Mischung nun mit Currypulver, Pfeffer und Salz ab. Etwas Paniermehl hinzugeben, bis eine gute Konsistenz entstanden ist.
3. Formen Sie aus dem Teig nun 4 Puffer.
4. Erhitzen Sie in einer Pfanne das Rapsöl und braten die Puffer darin von beiden Seiten je 5 Minuten an.
5. Waschen Sie den Schnittlauch und schneiden ihn in Röllchen. Den Apfel waschen, vierteln und entkernen. Anschließend fein reiben.
6. Geben Sie den Schnittlauch mit dem Apfel und den restlichen Möhrenraspeln in eine Schüssel. Für das Dressing den Zitronensaft, den Honig, das Walnussöl und den Apfelsaft vermengen. Mit Pfeffer und Salz würzen.
7. Richten Sie die Puffer auf Teller an und servieren diese mit dem frischen Möhrensalat.

25. Quinoa-Kürbis-Bowl

Kalorien: 371 kcal | Fett: 12 g | Kohlenhydrate: 51 g | Eiweiß: 17 g

Zubereitungszeit: **30 min**
Portionen: **4**
Schwierigkeit: **leicht**

Zutaten:

- 1 TL Paprikapulver
- Pfeffer, Kräutersalz
- 500 g Hokkaido-Kürbis
- 1 EL Zitronensaft
- 1 Küchenzwiebel
- 100 g getrocknete Tomaten, ohne Öl
- 1 EL Olivenöl
- 150 g Feta
- 180 g Quinoa
- 900 ml Gemüsebrühe
- 1 Bund Basilikum

Zubereitung:

1. Den Kürbis in einem ersten Schritt waschen. Anschließend entfernen und das Fruchtfleisch reiben.
2. Schäle Sie die Zwiebel und schneiden sie in Würfel. Die Tomaten klein hacken.
3. Erhitzen Sie in einem Topf das Olivenöl und dünsten darin die Tomaten und die Zwiebeln an. Den Kürbis und die Quinoa hinzugeben und alles miteinander vermengen und andünsten. Geben Sie nun etwas Brühe hinzu und lassen diese bei mittlerer Hitzezufuhr einköcheln. Geben Sie nach und nach immer wieder Brühe hinzu, bis alles eingekocht ist. Alles für ungefähr 25 Minuten köcheln lassen.
4. Waschen Sie das Basilikum und hacken es klein. Den Feta klein schneiden und zusammen mit dem Paprikapulver und dem Zitronensaft zu der Quinoa-Bowl geben.
5. Würzen Sie nun alles mit Pfeffer und Salz ab und geben das Basilikum hinzu. Auf Tellern anrichten und servieren.

26. Möhren-Süßkartoffel-Topf

Kalorien: 229 kcal | Fett: 6 g | Kohlenhydrate: 34 g | Eiweiß: 5 g

Zubereitungszeit: **35 min**
Portionen: **4**
Schwierigkeit: **leicht**

Zutaten:

- 1 Bund Schnittlauch
- 4 Möhren
- 2 Salatgurken
- 1 Knoblauchzehe
- 400 g Süßkartoffeln
- 8 Strauchtomaten
- 1 Küchenzwiebel
- 100 ml Gemüsebrühe
- 2 EL Olivenöl
- Pfeffer, Meersalz
- 1 TL getrockneter Oregano

Zubereitung:

1. Schälen Sie zuerst die Süßkartoffeln, die Möhren und die Zwiebel und schneiden alles in Würfel.
2. Erhitzen Sie in einem Topf das Olivenöl und dünsten die Süßkartoffeln, die Möhren und die Zwiebel darin 30 Minuten an. Würzen Sie mit Oregano, Pfeffer und Salz ab.
3. Waschen Sie die Tomaten und schneiden sie kreuzweise ein. Übergießen Sie diese anschließend mit kochendem Wasser. So können Sie die Tomaten als nächstes von ihrer Haut befreien. Die Tomaten halbieren, das Fruchtfleisch klein schneiden.
4. Die Gurken waschen und in Würfel schneiden. Geben Sie die Tomaten und die Gurken nun zu dem Kürbis-Topf hinzu.
5. Den Schnittlauch waschen und klein schneiden. Geben Sie den Schnittlauch nun zu dem Kürbis-Topf hinzu. Würzen Sie nach Belieben mit Pfeffer und Salz.
6. Vermengen Sie alles miteinander und servieren Ihr Gericht.

27. Kürbis-Kartoffel-Stifte mit cremigem Dip

Kalorien: 520 kcal | Fett: 34 g | Kohlenhydrate: 45 g | Eiweiß: 9 g

Zubereitungszeit: **45 min**
Portionen: **4**
Schwierigkeit: **leicht**

Zutaten:

- 2 TL Agavendicksaft
- 600 g festkochende Kartoffeln
- 250 g Schmand
- 5 EL Olivenöl
- Meersalz, Pfeffer
- 6 Majoran-Zweige
- 1 Hokkaido-Kürbis
- 2 rote Zwiebeln
- 20 g Kürbiskerne

Zubereitung:

1. Schälen, waschen und halbieren Sie zuerst die Kartoffeln. Schneiden Sie hieraus nun Kartoffel-Spalten. Vermengen Sie 3 EL Olivenöl mit dem Pfeffer und etwas Salz. Geben Sie die Kartoffeln hinzu und vermischen alles auf einem mit Backpapier belegten Backblech. Im Backofen bei 200 Grad nun für 40 Minuten garen.
2. Waschen Sie als zweites den Kürbis, halbieren ihn und schneiden ihn in Spalten. Die rote Zwiebel schälen und klein schneiden. Den Majoran waschen. Vermengen Sie den Kürbis mit der Zwiebel, 2 EL Olivenöl, Pfeffer und Salz. Nach 20 Minuten der Backzeit das restliche Gemüse mit dem Majoran und den Kürbiskernen auf das Backblech legen und mit garen.
3. Für den Dip vermengen Sie den Schmand mit dem Agavendicksaft. Würzen Sie alles nach Belieben mit Pfeffer und Salz ab.
4. Das Ofengemüse nun aus dem Ofen nehmen und mit dem frischen Dip servieren.

28. Asiatisches-Curry

Kalorien: 379 kcal | Fett: 7 g | Kohlenhydrate: 47 g | Eiweiß: 14 g

Zubereitungszeit: **30 min**
Portionen: **4**
Schwierigkeit: **leicht**

Zutaten:

- 4 Stiele Koriander
- 1 Zucchini
- 1 Bio-Limette
- 1 gelbe Paprika
- Meersalz
- 2 Pak Choi
- 1 TL grüne Currypaste
- 2 Frühlingszwiebeln
- 400 ml Kokosmilch
- 2 Möhren
- 1 Knoblauchzehe
- 5 g Ingwer

Zubereitung:

1. Waschen Sie als Erstes die Zucchini. Anschließend halbieren, das Kerngehäuse entfernen und in Streifen schneiden. Die Paprika waschen, entkernen und klein schneiden. Waschen Sie ebenfalls noch den Pak Choi und die Frühlingszwiebeln. Beim Pak Choi den Strunk entfernen und klein schneiden. Die Frühlingszwiebel in Ringe schneiden. Die Möhren schälen und hobeln. Knoblauch und Ingwer ebenfalls schälen und klein schneiden.
2. Öffnen Sie die Kokosmilch und schöpfen 2 EL Kokossahne hiervon ab. Geben Sie diesen Teil anschließend in einen Topf und erhitzen diesen. Geben Sie noch den Ingwer und die Currypaste hinzu. Alles miteinander verrühren. Die geraspelten Möhren und die restliche Kokosmilch in den Topf geben und alles 4 Minuten köcheln lassen. Schmecken Sie nach Belieben mit etwas Salz ab.
3. Waschen Sie die Limette heiß ab und schneiden sie in Spalten. Den Koriander waschen und klein hacken.
4. Geben Sie noch die Paprika, die Frühlingszwiebeln, die Zucchini und den Pak Choi zu dem Curry hinzu und lassen alles 1 Minute ziehen.
5. Richten Sie das Curry auf einem Teller an. Die Limettenscheiben und den Koriander als Garnitur darüber geben und servieren.

29. Pikanter Knoblauch-Linsen-Topf

Kalorien: 452 kcal | Fett: 21 g | Kohlenhydrate: 52 g | Eiweiß: 18 g

Zubereitungszeit: **20 min**
Portionen: **4**
Schwierigkeit: **leicht**

Zutaten:

- 200 g Créme fraîche
- 1 Küchenzwiebel
- 1 Dose Kidneybohnen
- 1 Knoblauchzehen
- 2 Dosen stückige Tomaten
- 2 Möhren
- Pfeffer, Meersalz
- 3 Selleriestangen
- 1 TL Oregano
- 2 EL Olivenöl
- 1 TL Kreuzkümmel
- 200 g rote Linsen

Zubereitung:

1. Schälen Sie in einem ersten Schritt den Knoblauch und die Zwiebel. Schneiden Sie diese anschließend in Würfel. Die Möhren schälen und in Würfel schneiden. Den Sellerie waschen und ebenfalls klein schneiden.
2. Erhitzen Sie in einem Topf das Öl und dünsten das Gemüse darin 5 Minuten an. Geben Sie etwas Pfeffer, Salz, Oregano, Linsen und Kreuzkümmel hinzu.
3. Löschen Sie das Linsen-Gemüse mit den stückigen Tomaten und 700 ml Wasser ab und lassen alles noch 10 Minuten bei geringer Hitze köcheln.
4. Die Kidneybohnen abgießen und zum Gemüse geben. Geben Sie die Créme fraîche hinzu und schmecken alles nach Belieben mit Pfeffer und Salz ab.
5. Richten Sie alles auf Tellern an und servieren Ihr Linsen-Gemüse.

30. Paprika mit Quinoa-Füllung

Kalorien: 640 kcal | Fett: 28 g | Kohlenhydrate: 69 g | Eiweiß: 22 g

Zubereitungszeit: **25 min**
Portionen: **2**
Schwierigkeit: **leicht**

Zutaten:

- 1 Prise Rohrzucker
- 200 g Quinoa
- Meersalz, Pfeffer
- 2 gelbe Paprika
- 2 rote Paprika
- 3 Rosmarinzweige
- 12 Cherry-Tomaten
- 200 ml Gemüsebrühe
- 2 Knoblauchzehen
- 200 ml Weißwein
- 200 g grüne Oliven ohne Stein
- 2 EL Olivenöl
- 3 Frühlingszwiebeln
- 200 g Sonnenblumenkerne

Zubereitung:

1. Bereiten Sie zuerst die Quinoa nach Packungsanleitung zu. Anschließend etwas abkühlen lassen.
2. Waschen Sie die Frühlingszwiebeln und schneiden sie in Ringe. Die Paprika ebenfalls waschen, den Deckel entfernen und das Kerngehäuse heraustrennen. Die Tomaten waschen und halbieren. Den Knoblauch schälen und klein schneiden. Die Oliven einmal halbieren.
3. Geben Sie das Öl in einen Topf und dünsten darin die Sonnenblumenkerne und die Frühlingszwiebeln an. Die Brühe und den Weißwein dazugeben und alles aufkochen lassen. Geben Sie den Sud durch ein Sieb und fangen ihn dabei auf.
4. Vermengen Sie nun die Quinoa mit den Oliven, den Frühlingszwiebeln und den Sonnenblumenkernen. Mit Zucker, Pfeffer und Salz nach Ihrem Geschmack würzen.
5. Füllen Sie die Füllung nun in die Paprikahälften. Den Deckel darauflegen und in eine Auflaufform stellen. Gießen Sie den Sud in die Form.
6. Den Rosmarin waschen und klein schneiden. Zusammen mit dem Knoblauch und den Tomaten im Sud verteilen und bei 175 Grad die Paprika für 35 Minuten garen. Anschließend servieren.

31. Möhren-Kartoffel-Puffer

Kalorien: 271 kcal | Fett: 16 g | Kohlenhydrate: 25 g | Eiweiß: 6 g

Zubereitungszeit: **25 min**
Portionen: **4**
Schwierigkeit: **leicht**

Zutaten:

- Etwas Sonnenblumenöl zum Ausbacken
- 250 g Pastinaken
- 2 TL Currypulver
- 150 g Möhren
- Pfeffer, Meersalz
- 150 g festkochende Kartoffeln
- 2 EL Dinkelmehl
- 2 frische Bio-Eier

Zubereitung:

1. Schälen Sie zuerst die Kartoffeln, die Möhren und die Pastinaken. Raspeln Sie anschließend alles fein. Mit etwas Salz vermengen.
2. Geben Sie nun das Ei mit dem Mehl in eine Schüssel und verquirlen alles gründlich. Das Gemüse untermischen und mit Currypulver, Pfeffer und Salz würzen.
3. Erhitzen sie in einer Pfanne das Sonnenblumenöl und backen je 2 Puffer darin aus. Etwas andrücken, wenden und auf einem Küchenpapier austropfen lassen.

32. Kürbis-Chili

Kalorien: 407 kcal | Fett: 21 g | Kohlenhydrate: 53 g | Eiweiß: 10 g

Zubereitungszeit: **35 min**
Portionen: **4**
Schwierigkeit: **leicht**

Zutaten:

- 1 Dose Kidneybohnen
- 2 rote Zwiebeln
- 2 TL Rohrzucker
- ½ Bund Oregano
- 4 Chilischoten
- 4 EL Rapsöl
- 800 g Hokkaido-Kürbis
- 1 Dose Mais
- 1 EL Kreuzkümmel
- 1 Dose stückige Tomaten
- Pfeffer, Kräutersalz
- 1 Bund Koriander
- 1 Bio-Zitrone
- 2 EL Tomatenmark
- 200 g Schmand

Zubereitung:

1. Schälen und würfen Sie zuerst die Zwiebeln. Den Oregano waschen und klein schneiden. Die Chilischote waschen, entkernen und klein schneiden. Den Kürbis waschen, halbieren, entkernen und das Fruchtfleisch würfeln. Lassen Sie die Bohnen und den Mais abtropfen.

2. Geben Sie das Öl in einen Topf und erhitzen es. Den Kürbis hinzugeben und für 3 Minuten andünsten. Nach und nach noch den Zucker, die Zwiebeln, die Chilischoten, den Oregano, das Tomatenmark und den Kreuzkümmel hinzugeben und nochmals zwei Minuten andünsten.

3. Geben Sie die stückigen Tomaten hinzu und lassen alles zugedeckt 30 Minuten köcheln. Zum Schluss noch den Mais hinzugeben, alles kurz aufkochen lassen und mit Pfeffer und Salz würzen.

4. Waschen Sie den Koriander und schneiden ihn klein. Die Zitrone heiß abwaschen und die Schale reiben. Vermengen Sie in einer Schüssel Schmand, Zitronenschale und Koriander miteinander.

5. Nehmen Sie das Kürbis-Chili aus dem Topf und servieren es mit dem Zitronen-Schmand.

33. Gegrillte Tomaten mit mediterraner Füllung

Kalorien: 194 kcal | Fett: 12 g | Kohlenhydrate: 12 g | Eiweiß: 7 g

Zubereitungszeit: **20 min**
Portionen: **4**
Schwierigkeit: **leicht**

Zutaten:

- Pfeffer, Meersalz
- 4 Strauchtomaten
- 2 EL Balsamico Essig
- 1 Knoblauchzehe
- 2 EL Olivenöl
- 1 Handvoll Basilikum
- 1 Mozzarella
- 2 Scheiben Vollkorn-Toast

Zubereitung:

1. Waschen Sie die Tomaten und schneiden den Deckel vorsichtig ab. Höhlen Sie das Fruchtfleisch heraus und schneiden es klein.
2. Schälen und hacken Sie nun den Knoblauch. Basilikum waschen und ebenfalls klein hacken. Den Mozzarella klein schneiden.
3. Würfeln Sie das Toastbrot und vermengen es mit dem Knoblauch und 1 EL Olivenöl. In einer Pfanne kurz anrösten.
4. Vermengen Sie nun die gerösteten Brotscheiben mit der Hälfte des Basilikums, dem Tomatenfruchtfleisch, dem Olivenöl, dem Balsamico und dem Mozzarella. Würzen Sie nach Ihrem Geschmack mit Pfeffer und Salz.
5. Füllen Sie nun diese Mischung in die ausgehöhlten Tomaten. Geben Sie diese nun in eine Aluschale und grillen sie für 10 Minuten. Streuen Sie das Basilikum darüber und servieren die Tomaten.

34. Würzige Auberginen mit orientalischer Note

Kalorien: 677 kcal | Fett: 23 g | Kohlenhydrate: 101 g | Eiweiß: 20 g

Zubereitungszeit: **15 min**
Portionen: **4**
Schwierigkeit: **leicht**

Zutaten:

- Salz, Pfeffer
- 2 Auberginen
- 1 Fladenbrot
- 2 Küchenzwiebeln
- 50 g gesalzene Pistazien
- 1 Knoblauchzehe
- 8 getrocknete, entsteinte Datteln
- 1 Dose Kichererbsen
- 1 Bund Koriander
- 4 EL Olivenöl
- 1 TL gemahlener Koriander
- 1 Granatapfel
- 2 TL Harissa
- 2 TL Kreuzkümmel
- 500 g stückige Tomaten

Zubereitung:

1. Waschen Sie zuerst die Auberginen und entfernen die Enden. Anschließend in dünne Scheiben schneiden. Geben Sie nun Salz über die Auberginen und lassen sie 10 Minuten ziehen. Den Knoblauch und die Zwiebeln schälen und klein schneiden. Die Datteln ebenfalls klein schneiden. Gießen Sie die Kichererbsen ab und spülen sie kurz durch.

2. Erhitzen Sie in einer Pfanne das Öl und dünsten darin den Knoblauch und die Zwiebeln an. Mit Kreuzkümmel und dem gemahlenen Koriander würzen. Spülen Sie die Auberginen kurz ab und geben sie zur Pfanne dazu. Alles 10 Minuten kochen. Geben Sie das Harissa, die Tomaten und Datteln hinzu und lassen alles 30 Minuten köcheln. Falls nötig können Sie noch etwas Wasser hinzugeben. Die Kichererbsen zur Pfanne geben und 10 Minuten köcheln lassen.

3. Den Granatapfel aufbrechen und die Kerne herauslösen. Die Pistazien hacken und den Koriander waschen und hacken. Schneiden Sie das Fladenbrot in dünne Scheiben. Erhitzen Sie in einer Grillpfanne ohne Fett die Brotschreiben und braten diese an. Die Auberginen-Pfanne mit Pfeffer und Salz würzen und mit Granatapfel, Pistazien, Fladenbrot und Koriander servieren.

35. Schupfnudel-Pilz-Pfanne

Kalorien: 445 kcal | Fett: 28 g | Kohlenhydrate: 35 g | Eiweiß: 12 g

Zubereitungszeit: **25 min**
Portionen: **4**
Schwierigkeit: **leicht**

Zutaten:

- 200 g Sahne
- 400 g Champignons
- 200 ml Gemüsebrühe
- 1 Küchenzwiebel
- 500 g Schupfnudeln
- ½ Bund Petersilie
- 4 EL Rapsöl

Zubereitung:

1. Putzen Sie zuerst die Champignons und schneiden sie in Viertel. Die Zwiebel schälen und würzen. Die Petersilie waschen und klein hacken.
2. Erhitzen Sie 2 EL Rapsöl in einer Pfanne und braten die Schupfnudeln darin. Anschließend herausnehmen.
3. Geben Sie das übrige Öl in die Pfanne und dünsten die Champignons für 5 Minuten an. Die Zwiebeln hinzugeben und nochmals 2 Minuten braten.
4. Löschen Sie alles mit der Gemüsebrühe und der Sahne ab. Die Temperatur herunterdrehen und 5 Minuten köcheln lassen. Geben Sie die Schupfnudeln hinzu und erwärmen alles noch 2 Minuten.
5. Die Petersilie darüber streuen und servieren.

Frische vegetarische Salate

In Salaten, frischem Gemüse und Früchten stecken reichlich Vitamine und Mineralstoffe. Sie spenden wertvolle Energie, stärken die Nerven und sorgen für eine leistungsstarke Immunabwehr.
Zudem sind vital- und nährstoffreiche Salate das absolute Powerfood für Herz und Gefäße.

Verwenden Sie möglichst frisches Gemüse, denn gleich nach dem Erntevorgang ist der Nährstoffgehalt am höchsten! Welke Salatblätter oder gelblichen Brokkoli sollten Sie lieber liegen lassen. Sie können aber gerne zu tiefgekühlter Ware greifen, denn diese ist deutlich hochqualitativer und besser als ihr Ruf. Tiefkühlgemüse wird direkt nach der Ernte „schockgefroren" und behält so die ganze Fülle an wertvollen Nährstoffen. Das beste Beispiel ist Spinat: Auch nach einem Jahr im tiefgefrorenen Zustand enthält TK-Spinat noch rund 70 % Vitamin C. Frischer Spinat hat schon innerhalb von drei Tagen nur noch einen Vitamin-C-Anteil von 50 %.

Viele Gemüsesorten wie zum Beispiel Paprika, Fenchel, Karotten, Kohlrabi, Staudensellerie, Tomaten und Salatgurken können Sie gerne roh verzehren. Andere Gemüsearten sollten Sie hingegen bissfest blanchieren, andünsten oder anbraten, da sie so deutlich bekömmlicher werden. Hierzu gehören Brokkoli, Auberginen, Blumenkohl, Kürbis, Romanesco, Spargel und Zuckerschoten. Bohnen sollten Sie nie roh verzehren, da es ansonsten zu Darmentzündungen und Magenproblemen kommen kann.

Verfeinern Sie Salate mit gesunden Ölen wie zum Beispiel Walnussöl, Olivenöl, Kürbiskern-, Lein- oder Rapsöl. Auch mit Essig können Sie für eine große geschmackliche Vielfalt sorgen: Verwenden Sie anstatt klassischem Apfel-, Rotwein-, Weißwein- oder Kräuteressig auch gerne mal fruchtige Aromen wie Kirsch- oder Himbeeressig.

Unser Tipp:
Vermischen Sie die Salatzutaten erst kurz vor dem Servieren mit dem Dressing, damit alles schön frisch und knackig bleibt. Essen Sie täglich frisches Gemüse nach dem „Ampel-Prinzip" und setzen Sie auf rotes, gelbes und grünes Gemüse. Damit ist Ihr Körper bestens mit allen Vitaminen und Nährstoffen versorgt.

36. Green Salad-Bowl mit Cranberrys

Kalorien: 214 kcal | Fett: 15 g | Kohlenhydrate: 11 g | Eiweiß: 9 g

Zubereitungszeit: **20 min**
Portionen: **4**
Schwierigkeit: **leicht**

Zutaten:

- 400 g Brokkoli
- 200 g Zuckerschoten
- Prise Meersalz, Pfeffer
- ½ Bund Frühlingszwiebeln
- 100 g Babyspinat
- 2 EL Balsamico-Essig
- 1 TL Agavendicksaft
- 1 TL Senf, mittelscharf
- 2 EL natives Olivenöl
- 2 EL Sesamsamen
- 2 EL getrocknete Cranberrys
- 60 g Feta-Käse

Zubereitung:

1. Putzen und waschen Sie den Brokkoli und teilen Sie ihn in Röschen. Den Stiel bitte nicht mitverwenden.
2. Nun die Zuckerschoten putzen und waschen. Blanchieren Sie nun die Brokkoli-Röschen zusammen mit den Zuckerschoten 3 Minuten in kochendem Salzwasser. Dann eiskalt abschrecken und abtropfen lassen.
3. Nun die Frühlingszwiebeln putzen, waschen und in feine Ringe schneiden. Nun den Spinat verlesen, waschen und trockenschleudern.
4. Aus dem Balsamico-Essig, dem Senf, dem Olivenöl, dem Agavendicksaft, Meersalz und einer Prise Pfeffer ein feines Salatdressing zubereiten.
5. Rösten Sie nun in einer Pfanne komplett fettfrei den Sesam und hacken Sie die getrockneten Cranberrys grob.
6. Mischen Sie nun den Spinat mit den Brokkoli-Röschen, den Frühlingszwiebel-Ringen und den Zuckerschoten in einer Salatschüssel miteinander. Geben Sie den Sesam und die Cranberrys darüber und beträufeln Sie alles mit dem Dressing.
7. Zum Schluss noch den Feta-Käse oben drauf bröckeln.

37. Karotten-Mango Salat

Kalorien: 124 kcal | Fett: 5 g | Kohlenhydrate: 18 g | Eiweiß: 3 g

Zubereitungszeit: **20 min**
Portionen: **4**
Schwierigkeit: **leicht**

Zutaten:

- 250 g Karotten
- 2 rote Küchenzwiebel
- 1 große Mango
- 1 Bio-Salatgurke
- ½ TL Currypulver, mild
- 1 EL Balsamico Bianco
- 1 EL natives Olivenöl
- 1 TL süßer Senf
- Salz, Pfeffer

Zubereitung:

1. Putzen, schälen und raspeln Sie die Karotten grob. Auch die roten Zwiebeln schälen und in feine Würfel schneiden. Die Mango schälen, das Fruchtfleisch vom Stein schneiden und anschließend grob würfeln.
2. Waschen Sie nun die Salatgurke, vierteln Sie diese der Länge nach und schneiden Sie sie klein. Vermischen Sie die Gurken-Stückchen mit den Karotten, den Zwiebeln sowie der Mango.
3. Mischen Sie das Currypulver mit dem Balsamico Essig, dem Olivenöl sowie dem süßen Senf zu einem feinen Dressing. Geben Sie das Dressing über den Salat und würzen Sie nach Belieben mit Pfeffer und Salz.
4. Lassen Sie den Salat vor dem Servieren rund 15 Minuten lang durchziehen.

Tipp: Waschen Sie die Salatgurke gründlich, doch entfernen Sie die Schale nicht. Die wenigen ernährungswissenschaftlich relevanten Nährstoffe sitzen vor allem in der Schale.

38. Fenchel-Mozzarella Salat mit fruchtiger Orangennote

Kalorien: 196 kcal | Fett: 12 g | Kohlenhydrate: 9 g | Eiweiß: 14 g

Zubereitungszeit: 25 min
Portionen: 4
Schwierigkeit: leicht

Zutaten:

- 2 Frühlingszwiebeln
- 3 Bio-Orangen
- 600 g Fenchel inkl. Grün
- 1 TL Senf, mittelscharf
- 1 TL Agavendicksaft
- 2 EL natives Olivenöl
- Salz, Pfeffer
- 1 Prise Anispulver
- 250 g Mozzarella Kugeln

Zubereitung:

1. Die Frühlingszwiebeln putzen, waschen und in feine Röllchen schneiden. Auch eine der drei Orangen heiß abwaschen und trockenreiben. Nun die Schale von einer Orange abreiben. Schälen Sie nun alle drei Orangen und entfernen Sie die weiße Innenhaut. Lösen Sie die Filets zwischen den Trennhäuten heraus und fangen Sie den austretenden Orangensaft dabei auf.
2. Putzen Sie jetzt die Fenchelknolle, waschen Sie diese und schneiden Sie sie in Streifen. Entfernen Sie dabei den Strunk.
3. Mischen Sie nun aus dem Orangensaft, der Orangenschale, dem Senf, dem Agavendicksaft, dem Olivenöl, einer Prise Salz und Pfeffer ein feines Dressing. Nach Belieben mit einer Prise Anispulver würzen.
4. Geben Sie die Frühlingszwiebeln mit den Fenchelstreifen und den Orangenfilets in eine Salatschüssel. Geben Sie nun die Mozzarella Kugeln hinzu und träufeln Sie das Dressing darüber.
5. Auch Tellern anrichten und mit dem Fenchelgrün garnieren.

Tipp: Mozzarella enthält reichlich Kalzium, das unter anderem für belastbare und gesunde Knochen notwendig ist. Mozzarella ist ein sehr gesundes und beliebtes Nahrungsmittel – vor allem für Frauen, die im höheren Alter öfter an Osteoporose erkranken können.

39. Gemüse-Salat mit Walnusskern-Creme

Kalorien: 164 kcal | Fett: 11 g | Kohlenhydrate: 13 g | Eiweiß: 5 g

Zubereitungszeit: **25 min**
Portionen: **4**
Schwierigkeit: **leicht**

Zutaten:

- 200 g Kohlrabi
- 200 g Äpfel
- 200 g Karotten
- 1 TL Bio-Zitronensaft
- 1 Bund Schnittlauch
- 65 g Walnusskerne
- Salz, Pfeffer
- 2 EL Weißwein-Essig
- 2 EL Apfelsaft, naturtrüb
- 1 EL süßer Senf
- Prise Currypulver, mild

Zubereitung:

1. Putzen und schälen Sie den Kohlrabi und die Karotten. Auch die Äpfel waschen, vierteln und vom Kerngehäuse befreien. Alles klein würfeln. In einer Schüssel nun mit dem Saft der Zitrone mischen und nach Belieben salzen und pfeffern.
2. Den Schnittlauch waschen, trockenschütteln und in feine Ringe schneiden. Die Hälfte der Ringe mit den Walnüssen, dem Weißwein-Essig, dem Apfelsaft, dem süßen Senf sowie dem milden Currypulver mit dem Stabmixer zu einer feinen Creme pürieren. Salzen und pfeffern nach eigenem Geschmack.
3. Geben Sie nun die restlichen Schnittlauch-Röllchen zum Rohkost-Gemüsesalat in die Schüssel hinzu und vermischen Sie alles mit der Walnuss-Creme.

40. Feigen-Tomaten-Salat

Kalorien: 246 kcal | Fett: 14 g | Kohlenhydrate: 19 g | Eiweiß: 8 g

Zubereitungszeit: 25 min
Portionen: 4
Schwierigkeit: leicht

Zutaten:

- 3 EL Sesamsamen
- 2 EL Akazienhonig
- 5 Feigen
- Salz, Pfeffer
- 500 g bunte Mini-Tomaten
- ½ Bund Frühlingszwiebeln
- 80 g Radicchio
- 2 EL Balsamico Bianco
- 1 EL Senf, mittelscharf
- 2 EL natives Olivenöl
- 3 Minze-Stiele
- 80 g Parmesan

Zubereitung:

1. Beginnen Sie damit, die Sesamsamen in einer Pfanne fettfrei zu rösten. Geben Sie 1 EL Honig dazu, lassen Sie ihn gut schmelzen und würzen Sie noch mit einer Prise Salz.
2. Nun die Feigen waschen und achteln. Die Mini-Tomaten waschen und halbieren. Die Frühlingszwiebeln putzen, waschen und in feine Röllchen schneiden. Den Radicchio in die einzelnen Blätter teilen, waschen, trockenschleudern und in mundgerechte Stückchen zupfen. Alles in eine Salatschüssel geben.
3. Nun aus dem restlichen Akazienhonig, dem Balsamico-Essig, dem mittelscharfen Senf, dem Olivenöl sowie Pfeffer und einer Prise Salz ein Dressing mixen und über den Salat träufeln.
4. Waschen Sie nun noch die Minze und zupfen Sie die Blättchen ab. Streuen Sie dann die Minze zusammen mit dem Sesam-Krokant über den Salat.
5. Richten Sie den fertigen Salat auf Tellern an und hobeln Sie den Parmesan darüber.

Tipp: Verwenden Sie nicht nur rote Tomaten, sondern auch gelbe und orange. Sie sind nicht nur ein optisches Highlight, sondern auch besonders gut für magenempfindliche Menschen geeignet. Sie enthalten nämlich weniger Säure als rote Tomaten.

41. Fruchtiger Birnen-Rotkohlsalat

Kalorien: 178 kcal | Fett: 9 g | Kohlenhydrate: 21 g | Eiweiß: 5 g

Zubereitungszeit: **30 min**
Portionen: **4**
Schwierigkeit: **leicht**

Zutaten:

- 400 g Rotkohl
- 150 ml Traubensaft, dunkel
- 2 EL Aceto-Balsamico
- 2 harte Birnen
- 100 g dunkle Trauben
- 50 g helle Trauben
- Salz, Pfeffer,
- Prise Nelkenpulver
- Prise Zimtpulver
- 60 g Walnusskerne

Zubereitung:

1. Putzen, waschen und vierteln Sie den Rotkohl. Entfernen Sie dabei auch den harten Strunk. Hacken Sie die Kohlviertel nun ganz fein und geben Sie alles in eine Salatschüssel.
2. Erhitzen Sie in einem Topf den Traubensaft zusammen mit dem Aceto-Balsamico und geben Sie alles über den Rotkohl. Nun gut abkühlen lassen.
3. Waschen, vierteln und entkernen Sie dann die Birnen. Schneiden Sie die Früchte in mundgerechte Würfel. Auch die Trauben waschen und halbieren. Mischen Sie die Trauben zusammen mit den Birnenwürfeln unter den abgekühlten Rotkohl. Würzen Sie nach Ihrem Geschmack mit Salz und Pfeffer. Geben Sie dann noch eine Prise Zimt- und Nelkenpulver hinzu.
4. Hacken Sie zum Schluss noch die Walnüsse grob und rösten Sie sie in einer Pfanne fettfrei an. Unter den Salat heben und servieren.

Tipp: Rotkohl ist perfekt zum Verzehr geeignet, wenn Sie unter Verstopfung leiden. Durch den hohen Ballaststoffgehalt wird die Darmaktivität angeregt.

42. Winterlicher Kürbis-Linsen-Salat

Kalorien: 256 kcal | Fett: 14 g | Kohlenhydrate: 16 g | Eiweiß: 11 g

Zubereitungszeit: **35 min**
Portionen: **4**
Schwierigkeit: **leicht**

Zutaten:

- 100 g Beluga Linsen
- 25 g Kürbiskerne
- ½ l Gemüsebrühe
- 500 g Hokkaidokürbis Fruchtfleisch
- 2 EL Rapsöl
- Salz, Pfeffer,
- 50 g getrocknete Tomaten
- ½ Bund Frühlingszwiebeln
- 150 g roter Blattsalat oder alternativ Feldsalat
- 3 TL Aceto Balsamico
- 1 EL Kürbiskernöl
- 1 TL brauner Zucker

Zubereitung:

1. Erhitzen Sie die Gemüsebrühe und garen Sie darin die Beluga-Linsen rund 25 Minuten lang bissfest gar. Dann in ein Sieb abgießen, abtropfen und abkühlen lassen.
2. Rösten Sie nun die Kürbiskerne in einer Pfanne fettfrei an und hacken Sie sie anschließend grob.
3. Das Kürbisfruchtfleisch in mundgerechte Stücke schneiden: Dann in 1 EL Rapsöl anbraten und zugedeckt 5 Minuten bissfest garen. Nach Belieben pfeffern und salzen.
4. Nun die getrockneten Tomaten hacken und mit dem Kürbis vermengen.
5. Die Frühlingszwiebeln putzen, waschen und in feine Röllchen schneiden. Den Blatt- oder Feldsalat waschen, trockenschleudern und in mundgerechte Stücke zupfen.
6. Richten Sie den Blattsalat, mit dem Kürbisgemüse sowie den Beluga Linsen auf Tellern an.
7. Verrühren Sie den Balsamico Essig mit dem Kürbiskernöl, dem restlichen Rapsöl, dem braunen Zucker, einer Prise Pfeffer und Salz zu einer Marinade. Mischen Sie nun noch die gerösteten Kürbiskerne unter und träufeln Sie das Dressing über den Salat.

43. Apfel-Möhren Salat mit frischen Feigen

Kalorien: 310 kcal | Fett: 10 g | Kohlenhydrate: 47 g | Eiweiß: 6 g

Zubereitungszeit: **35 min**
Portionen: **4**
Schwierigkeit: **leicht**

Zutaten:

- 2 EL Sesamsamen
- 4 rote Äpfel
- 2 EL Walnussöl
- 1 TL mittelscharfer Senf
- 1 EL Saft einer Bio-Zitrone
- 8 frische Feigen
- 6 Bio-Möhren
- 200 ml Apfelsaft
- 1 Bund Minze, frisch
- ¼ TL Currypulver
- Salz, Pfeffer

Zubereitung:

1. Rösten Sie zunächst einmal die Sesamsamen in einer Pfanne fettfrei an. Waschen, vierteln und entkernen Sie dann die Äpfel. Raspeln Sie anschließend die Apfelviertel und vermischen Sie sie mit dem Saft der Zitrone, dem Walnussöl sowie dem Senf.
2. Waschen Sie nun die Feigen und schneiden Sie diese in mundgerechte Stücke. Auch die Möhren putzen, waschen und grob reiben.
3. Erhitzen Sie nun in einem Topf den Apfelsaft und geben Sie die Feigen sowie die Möhrenraspeln hinein. 2-3 Minuten einköcheln lassen und anschließend in eine Schüssel füllen.
4. Waschen Sie die Minze, zupfen Sie die Blätter ab und hacken Sie diese fein. Dann zusammen mit den Äpfeln zu den Möhren und den Feigen in die Salatschüssel geben.
5. Würzen Sie den Salat nun noch mit Currypulver sowie Pfeffer und Salz.
6. Streuen Sie vor dem Servieren noch die gerösteten Sesamsamen über den Salat.

Tipp: Walnussöl ist ein sehr gesundes und hochwertiges Öl. Es ist perfekt für die kalte Küche geeignet, also zum Beispiel zur Zubereitung von Salaten. Damit die hochqualitativen Nährstoffe nicht verloren gehen, sollte dieses Öl also nicht erhitzt werden!

44. Auberginen-Schafskäse Salat mit Kichererbsen

Kalorien: 423 kcal | Fett: 32 g | Kohlenhydrate: 10 g | Eiweiß: 18 g

Zubereitungszeit: **15 min**
Portionen: **4**
Schwierigkeit: **leicht**

Zutaten:

- 2 Auberginen, in Scheiben geschnitten
- 4 EL natives Olivenöl
- 150 g junger Spinat
- 180 g Kichererbsen, Glas
- 250 g Bio-Schafskäse, zerbröselt
- 1 Küchenzwiebel geschnitten
- 3 EL frisch gehackte Minze
- 2 EL Saft einer Bio-Zitrone

Zubereitung:

1. Die Auberginenscheiben mit der Hälfte des Olivenöls bestreichen. Erhitzen Sie nun eine Pfanne und braten Sie die Auberginen dort 3 Minuten lang an.
2. Den Spinat auf Tellern verteilen und die Auberginen zusammen mit dem zerbröckelten Schafskäse, der Zwiebel, den Kichererbsen sowie der frisch gehackten Minze vermengen.
3. Für das Dressing das restliche Olivenöl mit dem Saft der Bio-Zitrone vermengen und über den Salat geben.
4. Sie können den Salat gerne mit ofenfrischem Baguette genießen oder auch „pur“ servieren.

45. Roter Eichblattsalat mit Himbeer-Dressing

Kalorien: 255 kcal | Fett: 19 g | Kohlenhydrate: 12 g | Eiweiß: 7 g

Zubereitungszeit: **20 min**
Portionen: **2**
Schwierigkeit: **leicht**

Zutaten:

- 150 g roter Eichblattsalat
- 120 g Kirschtomaten
- 1 Salatgurke
- 30 g Walnusskerne
- 125 g Himbeeren

Für das Dressing:

- ½ Bio-Zitrone
- 100 g Himbeeren
- 2 EL Apfelessig
- 1 EL Senf, mittelscharf
- Salz, Pfeffer
- 2 EL Olivenöl

Zubereitung:

1. Den roten Eichblattsalat waschen, trockenschleudern und in mundgerechte Stücke zupfen.
2. Die Kirschtomaten waschen und in der Mitte halbieren. Auch die Salatgurke gründlich waschen, der Länge nach aufschneiden und in dünne Halbkreise schneiden.
3. Hacken Sie nun die Walnusskerne grob. Brausen Sie die Himbeeren für den Salat vorsichtig ab und lassen Sie diese gut austropfen.
4. Für das Dressing nun den Saft einer Zitronenhälfte auspressen. Vermischen Sie den Zitronensaft mit 100 g Himbeeren, dem Apfelessig, dem Olivenöl sowie dem Senf. Geben Sie alles in einen hohen Rührbecher und pürieren Sie mit dem Pürierstab alles schön fein. Zum Schluss noch mit Pfeffer und einer Prise Salz abschmecken.
5. Verteilen Sie den Eichblattsalat nun auf zwei Schüsselchen und geben Sie die Kirschtomaten sowie die Salatgurke darüber.
6. Zum Schluss noch das Himbeerdressing sowie die Walnusskerne über den Salat streuen.

46. Quinoa-Salat mit frischer Petersilie

Kalorien: 270 kcal | Fett: 9 g | Kohlenhydrate: 35 g | Eiweiß: 10 g

Zubereitungszeit: 20 min
Portionen: 2
Schwierigkeit: leicht

Zutaten:

- 110 g Quinoa, weiß
- 300 ml Gemüsebrühe
- 3 Strauchtomaten
- 1 Bund Petersilie, frisch
- 1 Bio-Zitrone
- 1 EL natives Olivenöl
- 2 EL Tomatenmark
- Pfeffer, Salz,
- ½ TL Chilipulver
- 1 TL Kümmel, gemahlen
- 1 TL Paprikapulver, edelsüß

Zubereitung:

1. Geben Sie die Quinoa in ein Sieb, brausen Sie diese ab und lassen Sie sie gut austropfen. Nun in einem Topf die Gemüsebrühe zum Kochen bringen. Quinoa hineingeben und bei moderater Hitzezufuhr rund 10 Minuten köcheln lassen. Gelegentlich immer wieder umrühren. Gießen Sie die Quinoa anschließend ab und lassen Sie alles gut abkühlen.
2. Waschen Sie nun die Strauchtomaten und würfeln Sie diese klein. Entfernen Sie auch den Stielansatz.
3. Die frische Petersilie waschen, trockenschütteln und fein hacken. Den Saft der Bio-Zitrone auspressen und mit dem Olivenöl sowie dem Tomatenmark verrühren.
4. Den angerührten Saft der Zitrone gründlich unter die Quinoa mengen, dann die Strauchtomatenwürfel und die frisch gehackte Petersilie untermengen. Zum Schluss den Salat noch mit Pfeffer, einer Prise Salz, Kümmel sowie edelsüßem Paprikapulver abschmecken.

47. Bohnensalat mit roten Zwiebeln

Kalorien: 410 kcal | Fett: 24 g | Kohlenhydrate: 24 g | Eiweiß: 17 g

Zubereitungszeit: 30 min
Portionen: 2
Schwierigkeit: leicht

Zutaten:

- 2 Bio-Eier, Größe S
- 350 g weiße Bohnen, Glas, ohne Zucker
- 1 rote Paprikaschote
- 1 große Küchenzwiebel, rot
- 4 Frühlingszwiebeln
- 3 Strauchtomaten
- ½ Bund Petersilie, frisch
- 60 g Oliven ohne Stein
- ½ Bio-Zitrone
- 2 EL natives Olivenöl
- 1 Msp. Chilipulver
- Salz, Pfeffer

Zubereitung:

1. Kochen Sie in einem ersten Schritt die beiden Eier hart. Anschließend abschrecken, pellen und grob würfeln.
2. Die weißen Bohnen in einem Sieb abbrausen und abtropfen lassen.
3. Die rote Paprikaschote halbieren, die weißen Trennwände sowie die Kerne entfernen und fein würfeln. Waschen Sie nun die Strauchtomaten, entfernen Sie die Stielansätze und würfeln Sie auch die Tomaten schön klein.
4. Schälen Sie jetzt die rote Zwiebel und schneiden Sie sie in dünne Ringe. Die Frühlingszwiebeln putzen, waschen und in dünne Röllchen schneiden.
5. Die frische Petersilie waschen, trockenschütteln und fein hacken. Die Oliven in dünne Ringe schneiden.
6. Vermischen Sie nun die weißen Bohnen mit der Paprika, den Tomatenwürfeln sowie den Oliven. Geben Sie nun die Eier in die Salatschüssel mit dazu.
7. Pressen Sie dann noch den Saft der Bio-Zitrone aus und vermischen Sie ihn mit dem Olivenöl, dem Chilipulver, einer Prise Salz und Pfeffer. Träufeln Sie das Dressing über den Salat und mischen Sie alles locker miteinander.

48. Bunter Gemüsesalat mit Pinienkern-Basilikum-Pesto

Kalorien: 595 kcal | Fett: 51 g | Kohlenhydrate: 11 g | Eiweiß: 21 g

---

Zubereitungszeit: 20 min
Portionen: 2
Schwierigkeit: leicht

Zutaten:

- 1 grüne Paprikaschote
- 1 rote Zwiebel
- 1 Bio-Salatgurke
- 150 g Tomaten orange
- 150 g Tomaten rot
- 125 g Mini-Mozzarella
- 1 TL Bio-Zitronensaft
- Pfeffer

Für das Pesto

- 2 EL Pinienkerne
- 1 Bund Basilikum, frisch
- 60 ml Olivenöl
- Salz
- 20 g Parmesan, gerieben

Zubereitung:

1. Rösten Sie zunächst einmal für das Pesto die Pinienkerne fettfrei in einer Pfanne 2-3 Minuten lang an.
2. Das Basilikum waschen, trockenschütteln und die Blättchen abzupfen. Zusammen mit den Pinienkernen, einer Prise Salz, dem Olivenöl sowie dem Parmesan in einen Hochleistungsmixer geben und zu einem feinen Pesto pürieren.
3. Nun für den Salat die Paprikaschote waschen, halbieren, die weißen Trennwände sowie die Kerne entfernen. Auch die Zwiebel schälen. Die Salatgurke waschen. Schneiden Sie nun das gesamte Gemüse in Würfelchen.
4. Die Tomaten waschen und halbieren. Die Mozzarella-Kugeln abtropfen lassen.
5. Geben Sie nun das Gemüse in eine große Salatschüssel und fügen Sie die Mozzarella-Bällchen hinzu. Nun noch den Zitronensaft darüber träufeln und mit Pfeffer nach Belieben abschmecken.
6. Geben Sie zum Schluss noch das Pesto in die Salatschüssel hinzu und vermengen Sie alle Zutaten vorsichtig miteinander.

49. Grüner Bohnensalat mit Schafskäse

Kalorien: 210 kcal | Fett: 14 g | Kohlenhydrate: 11 g | Eiweiß: 14 g

Zubereitungszeit: 20 min
Portionen: 2
Schwierigkeit: leicht

Zutaten:

- 300 g grüne Bohnen
- Salz, Pfeffer
- 1 EL Pinienkerne
- 1 große rote Zwiebel
- 2 Bio-Strauchtomaten
- 150 g Schafskäse (Feta)
- 1 TL Bio-Zitronensaft

Zubereitung:

1. Waschen und putzen Sie die Bohnen. Bringen Sie nun in einem Topf Salzwasser zum Kochen, geben Sie die Bohnen hinein und kochen Sie sie zugedeckt bei mittlerer Hitzezufuhr rund 10 Minuten lang. Anschließend abgießen, abschrecken und gut abtropfen lassen.
2. Rösten Sie nun in einer Pfanne fettfrei die Pinienkerne an. Schälen Sie die rote Küchenzwiebel und würfeln Sie diese. Auch die beiden Tomaten waschen, in zwei Hälften schneiden, vom Stielansatz befreien und würfeln.
3. Schneiden Sie nun den Feta (Schafskäse) in kleine Würfel oder zerbröckeln Sie ihn mit den Händen grob.
4. Vermischen Sie nun in einer Salatschüssel die Bohnen mit der Küchenzwiebel, den Tomaten sowie dem Schafskäse. Mischen Sie dann noch den Saft der Bio-Zitrone sowie die Pinienkerne unter. Zum Schluss noch mit Pfeffer und Salz würzen und genießen.

50. Erdbeer-Spargelsalat auf Baby-spinatbett

Kalorien: 495 kcal | Fett: 41 g | Kohlenhydrate: 13 g | Eiweiß: 17 g

---

Zubereitungszeit: **20 min**
Portionen: **2**
Schwierigkeit: **leicht**

Zutaten:

- 500 g Spargel, grün
- 5 EL Olivenöl
- 2 EL Sonnenblumen-kerne
- 250 g Erdbeeren, frisch
- 120 g Baby-Blattspinat
- 1 EL Saft einer Zitrone
- 130 g Schafskäse (Feta)
- Salz, Pfeffer

Zubereitung:

1. Waschen Sie zunächst einmal den Spargel, schneiden Sie die holzigen Enden ab und schneiden Sie die Stangen schräg in rund 3 cm lange Stücke. Erhitzen Sie nun in einer Pfanne 2 EL Olivenöl und braten Sie darin den Spargel 10 Minuten lang bei mittlerer Hitzezufuhr an. Dabei hin und wieder mal wenden.
2. Inzwischen in einer zweiten Pfanne die Sonnenblumenkerne komplett fettfrei 2 bis 3 Minuten lang rösten. Die Erdbeeren waschen, putzen und vierteln. Auch den Blattspinat verlesen, waschen und trockenschütteln.
3. Richten Sie nun den Blattspinat auf zwei Tellern an. Geben Sie die Spargelstücke und die Erdbeer-Viertel darüber. Vermischen Sie nun das restliche Olivenöl mit dem Saft der Zitrone und träufeln Sie das Dressing über den Salat. Würfeln Sie den Schafskäse oder zerbröckeln Sie ihn grob. Streuen Sie ihn zusammen mit den gerösteten Sonnenblumenkernen über den Salat.
4. Würzen Sie zum Schluss nach Ihrem Geschmack noch mit Pfeffer und einer kleinen Prise Salz!

51. Schafskäse-Wassermelonen Salat

Kalorien: 295 kcal | Fett: 22 g | Kohlenhydrate: 15 g | Eiweiß: 12 g

Zubereitungszeit: 15 min
Portionen: 2
Schwierigkeit: leicht

Zutaten:

- 300 g Wassermelone (kernlos)
- 130 g Kichererbsen, Glas
- 100 g Rucola
- ½ Bio-Salatgurke
- 80 g Schafskäse (Feta)
- 1 EL Sonnenblumenkerne
- 2 frische Minze-Stängel
- 2 EL natives Olivenöl
- Salz, Pfeffer
- 2 EL Saft einer Zitrone

Zubereitung:

1. Die Wassermelone von der Schale befreien und in mundgerechte Würfel schneiden. Nun die Kichererbsen aus dem Glas abgießen und in ein Sieb abtropfen lassen.
2. Waschen Sie nun den Rucola und schleudern Sie ihn gut trocken. Wenn Sie möchten, können Sie dickere Blattstiele entfernen und die Blättchen etwas kleiner zupfen.
3. Waschen Sie die Salatgurke gründlich und schneiden Sie sie in 1-cm-große Würfel. Auch den Schafskäse bröckeln oder würfeln.
4. Rösten Sie anschließend in einer Pfanne 2-3 Minuten die Sonnenblumenkerne ohne Fettzugabe an. Die Minze-Stängel waschen, trockenschütteln, die Blättchen abzupfen und ganz fein hacken.
5. Vermischen Sie nun in einer Salatschüssel die Wassermelonenwürfel mit den Kichererbsen, den Rucola-Blättern, der Salatgurke sowie dem Schafskäse. Vermischen Sie das Olivenöl mit dem Saft der Zitrone und schmecken Sie das Dressing mit Salz und Pfeffer ab. Geben Sie es dann über den Salat.
6. Zum Schluss noch die gerösteten Sonnenblumenkerne und die Minze hinzugeben. Alles vorsichtig vermengen und bei Bedarf nochmals pfeffern und salzen.

52. Möhren-Zucchini „Bandsalat“

Kalorien: 425 kcal | Fett: 34 g | Kohlenhydrate: 14 g | Eiweiß: 18 g

Zubereitungszeit: **20 min**
Portionen: **2**
Schwierigkeit: **leicht**

Zutaten:

- 2 Bio-Eier, Größe M
- 250 g Zucchini
- 4 Bio-Möhren
- 1 Bund Radieschen
- 2 EL Sonnenblumenkerne
- 2 EL Kürbiskerne
- 1 EL Saft einer Zitrone
- 1 EL Senf (zuckerfrei)
- 3 EL Olivenöl
- Pfeffer, Salz

Zubereitung:

1. Kochen Sie zunächst einmal die beiden Eier in ausreichend Wasser 7-8 Minuten lang hart. Dann kalt abschrecken, schälen und in dünne Spalten oder Viertel schneiden.
2. Die Zucchini zwischenzeitlich putzen und waschen. Auch die Möhren schälen. Nun beides mit einem Sparschäler der Länge nach in möglichst dünne aber breitere Streifen schneiden – ähnlich wie eine Bandnudel.
3. Die Radieschen putzen, waschen und vierteln.
4. Rösten Sie nun in einer Pfanne komplett fettfrei die Sonnenblumen- und die Kürbiskerne an. Vermischen Sie die gerösteten Kerne dann in einer Salatschüsse mit den Eiern, den Zucchini- und Möhrenbändern sowie den Radieschen.
5. Verrühren Sie das Olivenöl mit dem Saft der Zitrone, dem Senf sowie Pfeffer und Salz zu einem Dressing. Geben Sie es über den Salat und vermengen Sie alle Zutaten vorsichtig miteinander.
6. Auf 2 Tellern verteilen und genießen.

Tipp: Wenn der Salat noch sättigender sein soll, können Sie jederzeit noch passende Zutaten ergänzen, so beispielweise eine Handvoll Dinkel-Penne oder Gemüsesorten wie Kohlrabi oder Paprika.

53. Römersalat mit Ziegenkäse und fruchtigen Beeren

Kalorien: 520 kcal | Fett: 42 g | Kohlenhydrate: 28 g | Eiweiß: 12 g

Zubereitungszeit: 20 min
Portionen: 2
Schwierigkeit: leicht

Zutaten:

- 1 Radicchio
- 1 Römersalat
- 100 g Kirschtomaten rot
- 2 EL Pinienkerne
- 135 g Ziegenweichkäse
- 4 EL natives Olivenöl
- 125 g Himbeeren
- 1 TL Apfelessig
- 50 g Heidelbeeren
- 1 TL Senf
- Salz, Pfeffer

Zubereitung:

1. Lösen Sie die Blätter des Radicchio und des Römersalats ab: Waschen, trockenschleudern und in mundgerechte Stückchen zupfen. Nun die Kirschtomaten waschen und halbieren. Alles in eine Salatschüssel geben.
2. Rösten Sie nun 2-3 Minuten bei mittlerer Hitzezufuhr die Pinienkerne, jedoch ohne Zugabe von Fett. Schneiden Sie den Ziegenkäse in 4 gleich dicke Scheiben. Erhitzen Sie nun 2 EL Olivenöl in der Pfanne und braten Sie darin die Käsescheiben ca. 3 Minuten von beiden Seiten goldbraun an.
3. Nun die Himbeeren verlesen, waschen und trockentupfen. Ebenso mit den Heidelbeeren verfahren.
4. 50 g Himbeeren, das restliche Olivenöl, den Apfelessig und den Senf mit 4 EL Wasser in ein hohes Rührgefäß geben und mit dem Mixer zu einem feinen Dressing pürieren. Nun noch mit Pfeffer und Salz abschmecken.
5. Geben Sie das Dressing nun in die Salatschüssel hinzu. Fügen Sie nun noch die Beeren und den Ziegenkäse hinzu. Richten Sie den Salat mit den Pinienkernen auf Tellern an.

54. Trauben-Nuss-Salat mit Ziegenkäse

Kalorien: 454 kcal | Fett: 39 g | Kohlenhydrate: 15 g | Eiweiß: 13 g

---

Zubereitungszeit: **15 min**
Portionen: **2**
Schwierigkeit: **leicht**

Zutaten:

- 1 Salatherz / Römersalat
- 1 Bio-Salatgurke
- 1 rote Zwiebel
- 200 g Kirschtomaten
- 80 g Weintrauben, blau
- 120 g Ziegenweichkäse von der Rolle
- 4 EL Walnusskerne
- 1 EL Apfelessig
- 1 EL Senf
- 3 EL natives Olivenöl
- Salz, Pfeffer

Zubereitung:

1. Den Salat waschen, putzen und in mundgerechte Stücke schneiden. Die Salatgurke gründlich waschen, der Länge nach aufschneiden und in ca. 1-cm-breite Halbkreise schneiden. Auch die Zwiebel schälen, halbieren und in feine Halbringe schneiden. Die Kirschtomaten waschen und halbieren.
2. Nun den Ziegenkäse grob würfeln und die Walnusskerne hacken. Beides mit dem Gemüse in einer Salatschüssel mischen.
3. Verrühren Sie nun den Apfelessig mit dem Senf und dem Olivenöl. Schmecken Sie das Dressing noch mit Pfeffer und Salz ab und geben Sie alles über die Salatzutaten in die Schüssel. Vorsichtig mischen und genießen.

55. Radieschen-Salat mit Walnusskernen

Kalorien: 160 kcal | Fett: 10 g | Kohlenhydrate: 12 g | Eiweiß: 8 g

Zubereitungszeit: **15 min**
Portionen: **2**
Schwierigkeit: **leicht**

Zutaten:

- 2 Bund Radieschen
- 4 Frühlingszwiebeln
- 4 EL Walnusskerne
- ½ Bund Schnittlauch
- 140 g Naturjoghurt
- Pfeffer, Salz

Zubereitung:

1. Waschen und putzen Sie die Radieschen, dann in dünne Scheiben schneiden.
2. Nun die Frühlingszwiebeln waschen, putzen und in dünne Röllchen schneiden. Hacken Sie nun die Walnusskerne grob. Alles in einer Salatschüssel vermischen.
3. Den Schnittlauch waschen, trockenschütteln und ganz fein schneiden. Vermischen Sie den Schnittlauch mit dem Naturjoghurt. Mit Pfeffer und Salz abschmecken und über den Radieschen-Salat geben.

Tipp: Sie können den Salat gerne noch um Ihre Lieblingsgemüsesorten ergänzen. Gurken und Möhren passen ebenso gut dazu wie weißer oder grüner Spargel! Lassen Sie es sich schmecken!

Reis, Pasta & Co.

Reis, Nudeln und Co. liefern Ihrem Körper wertvolle und kompakte Energie.
Getreideprodukte gehören weltweit zu den Hauptnahrungsmitteln und haben natürlich auch in der vegetarischen Küche einen festen Platz! Sie sind die Basis vieler gesunder, köstlicher und sättigender Gerichte. Als Ergänzung zu Getreideprodukten wie Hirse, Reis, Kartoffeln oder Nudeln bieten sich viele verschiedene Gemüsesorten an. So bekommen Sie garantiert gesunde Abwechslung auf Ihren Tisch!

Seit vielen Jahrtausenden ist Reis in der ganzen Welt beliebt – ganz egal ob als Risotto im sonnigen Italien, als Paella in Spanien oder als Milchreis in unserem Land! Alle Reissorten lassen sich im Allgemeinen nach ihrer Größe einteilen:

- Langkornreis eignet sich sehr gut als Beilage oder auch als Suppeneinlage.
- Mittelkornreis ist etwas kleiner als Langkornreis und sehr beliebt für Risottos.
- Rundkornreis ist etwas klebriger und auch weicher. Er ist ideal für Milchreis und auch Sushi geeignet.

Entdecken Sie abwechslungsreiche Gerichte aus Reis, Vollkornnudeln, Kartoffeln und Co. und sorgen Sie für eine gesunde und langanhaltende Sättigung.

So lecker ist die vegetarische Küche! Viel Freude beim Nachkochen und Genießen!

56. Orangen-Spargel Penne mit frischem Basilikum

Kalorien: 410 kcal | Fett: 9 g | Kohlenhydrate: 68 g | Eiweiß: 15 g

Zubereitungszeit: **30 min**
Portionen: **4**
Schwierigkeit: **leicht**

Zutaten:

- 750 g Spargel, grün
- 350 g Penne
- Meersalz, Pfeffer
- 2 EL natives Olivenöl
- 1 TL brauner Zucker
- Saft + Schale einer Bio-Orange
- 75 ml Gemüsebrühe (nach Belieben)
- ½ Bund Basilikum

Zubereitung:

1. Waschen Sie den Spargel, schälen Sie das untere Drittel und schneiden Sie die holzigen Enden ab. Schneiden Sie den Spargel anschließend in mundgerechte Stückchen.
2. Die Penne in kochendem Salzwasser nach Packungsanweisung garen.
3. Erhitzen Sie nun in einer Pfanne das Olivenöl: Braten Sie darin die Spargelstückchen bei mittlerer Hitzezufuhr an. Streuen Sie nun den braunen Zucker darüber.
4. Reiben Sie nun die Schale der Orange ab und pressen Sie den Saft aus. Geben Sie beides in die Pfanne zum Spargel hinzu. Wenn Sie möchten, können Sie auch noch die Gemüsebrühe hinzugeben. Dünsten Sie alles 5 Minuten lang weiter und würzen Sie mit Pfeffer und Meersalz.
5. Waschen Sie das Basilikum, schütteln Sie es trocken und zupfen Sie die Blättchen ab. Gießen Sie die Nudeln in ein Sieb ab und vermischen Sie sie mit dem Orangen-Spargel in der Pfanne.
6. Richten Sie die Nudeln auf Tellern an und streuen Sie das Basilikum darüber.

Tipp: Dieses Gericht schmeckt auch ausgezeichnet mit Vollkornnudeln. Sie sind zudem gesünder und punkten mit einem hohen Ballaststoffgehalt. Gleichzeitig beeinflussen sie den Blutzuckerwert nicht so stark wie herkömmliche Weizennudeln.

57. Mangold Risotto mit Bärlauch

Kalorien: 434 kcal | Fett: 22 g | Kohlenhydrate: 45 g | Eiweiß: 11 g

Zubereitungszeit: **35 min**
Portionen: **4**
Schwierigkeit: **leicht**

Zutaten:

- 400 g Mangold, jung
- 1 Bund frischer Bärlauch
- 1 Küchenzwiebel
- 3 EL natives Olivenöl
- 200 g Risotto-Reis
- 2 EL Apfelessig
- 650 ml Gemüsebrühe
- 50 g Pinienkerne
- Meersalz, Pfeffer
- 45 g Parmesan gehobelt

Zubereitung:

1. Waschen Sie den Mangold sowie den Bärlauch und schleudern Sie ihn trocken. Nun alles in feine Streifen schneiden. Auch die Küchenzwiebel schälen und fein würfeln.
2. Dünsten Sie nun die Zwiebelwürfel in einem Topf mit dem Olivenöl glasig an. Fügen Sie die Mangold-Stiele sowie den Risotto-Reis hinzu: Alles kurz mitdünsten. Nun mit dem Apfelessig sowie 100 ml der Gemüsebrühe ablöschen und die Temperatur etwas niedriger stellen.
3. Sobald der Reis die Flüssigkeit aufgesogen hat, nochmals Brühe hinzugeben und gut umrühren. Diesen Vorgang mit der ganzen restlichen Gemüsebrühe wiederholen, bis der Risotto-Reis schön cremig, aber trotzdem noch bissfest ist. Das dauert im Allgemeinen 25 Minuten.
4. Nach ca. 20 Minuten die Mangoldblätter und den Bärlauch hinzugeben.
5. Rösten Sie nun in einer Pfanne – komplett fettfrei – die Pinienkerne an. Salzen und pfeffern Sie das Mangold-Bärlauch Risotto nach Ihren Wünschen und richten Sie alles auf Tellern an.
6. Mit den gerösteten Pinienkernen sowie dem gehobelten Parmesan bestreuen.

58. Minze-Tomaten Taboulé mit Zitronen-Ingwer-Dressing

Kalorien: 267 kcal | Fett: 11 g | Kohlenhydrate: 35 g | Eiweiß: 10 g

Zubereitungszeit: 20 min
Portionen: 4
Schwierigkeit: leicht

Zutaten:

- 400 ml Gemüsebrühe
- 150 g Couscous
- 4 große Strauchtomaten
- 2 Frühlingszwiebeln
- 1 Bund Minze
- 12 schwarze Oliven, entsteint
- 1 Bund Petersilie, frisch
- 2 EL Bio-Zitronensaft
- 2 EL natives Olivenöl
- Salz, Pfeffer
- Ingwerstück – 2 cm groß

Zubereitung:

1. Kochen Sie in einem Topf 350 ml Gemüsebrühe auf. Übergießen Sie damit in einer Schale den Couscous und lassen Sie ihn 10 Minuten lang quellen.
2. Waschen und halbieren Sie nun die Strauchtomaten und entfernen Sie den Stielansatz. Die Tomaten dann in grobe Würfel schneiden. Die Frühlingszwiebeln putzen, waschen und in feine Ringe schneiden. Die Oliven ebenfalls in dünne Ringe schneiden.
3. Den Ingwer schälen und fein hacken.
4. Waschen Sie nun die Minze und die Petersilie und hacken Sie beides schön fein. Vermischen Sie diese nun mit den Tomaten, den Oliven-Ringen sowie den Frühlingszwiebelröllchen. Auch den gehackten Ingwer hinzugeben.
5. Heben Sie nun den gequollenen Couscous unter.
6. Nun die restliche Brühe, den Zitronensaft und das Olivenöl zu einem Dressing verrühren. Mit Pfeffer und Salz nach Belieben würzen und über das Taboulé geben.

Tipp: Petersilie hat einen beachtlichen Vitamin-C-Gehalt. Streuen Sie dieses Powerfood also gerne über Gerichte. Mischen Sie Petersilie auch gerne unter Salate oder machen Sie ein Pesto daraus.

59. Dreierlei Nudelsalat

Kalorien: 497 kcal | Fett: 17 g | Kohlenhydrate: 67 g | Eiweiß: 21 g

Zubereitungszeit: **30 min**
Portionen: **4**
Schwierigkeit: **leicht**

Zutaten:

- 1 kleiner Blumenkohl
- 400 g Romanesco
- 350 g Fusilli Nudeln
- 50 g getrocknete Tomaten in Öl eingelegt
- ½ Bund Frühlingszwiebeln
- 4 Strauchtomaten
- 40 g Salzmandeln
- 1 EL griech. Olivenöl
- 2 EL Balsamico Essig
- Pfeffer, Meersalz

Zubereitung:

1. Den Blumenkohl sowie den Romanesco putzen, waschen und in Röschen zerteilen.
2. Die Fusilli nach Packungsanleitung in kochendem Salzwasser garen. 4 Minuten vor Ende der Kochzeit die Blumenkohl- und Romanesco-Röschen hinzugeben und bissfest garen. Abschließend in ein Küchensieb abgießen und kalt abschrecken.
3. Die getrockneten Tomaten nun in Streifen schneiden. Die Frühlingszwiebeln putzen, waschen und in feine Ringe schneiden. Auch die Strauchtomaten waschen, vierteln und den Stielansatz entfernen. Hacken Sie die Salzmandeln grob.

   Vermischen Sie nun diese Zutaten mit den Kohl-Röschen und den Fusilli.
4. Aus dem Olivenöl, dem Balsamico Essig sowie Salz und Pfeffer das Salatdressing mischen. Heben Sie den Salat unter und verteilen Sie alles auf Tellern.

60. Kürbis-Maroni-Bandnudeln

Kalorien: 558 kcal | Fett: 19 g | Kohlenhydrate: 83 g | Eiweiß: 14 g

Zubereitungszeit: 30 min
Portionen: 4
Schwierigkeit: leicht

Zutaten:

- 300 g frische Maronen oder vorgegart, vakuumiert
- 300 g Hokkaidokürbis Fruchtfleisch
- 4 Thymianzweige
- 1 Küchenzwiebel
- 3 EL natives Olivenöl
- 200 ml Gemüsebrühe
- 100 g Frischkäse
- 1 EL Meerrettich (Glas)
- Pfeffer, Salz,
- 300 g Bandnudeln
- 25 g frischer Meerrettich

Zubereitung:

1. Ritzen Sie die frischen Maronen kreuzförmig ein und kochen Sie diese – je nach Größe – ca. 5 Minuten lang. Anschließend abgießen, abkühlen und die Schale sowie die braune Innenhaut entfernen. Wenn Sie vorgegarte und vakuumierte Maroni verwenden, sind diese schon einsatzbereit für die weitere Zubereitung.
2. Schneiden Sie das Kürbisfruchtfleisch nun in Würfel.
3. Die Thymianzweige waschen, trockenschütteln und die Blättchen abzupfen. Schälen Sie nun die Küchenzwiebel und würfeln Sie diese fein. Die Zwiebelwürfel nun in einem Topf mit dem Olivenöl glasig andünsten. Geben Sie die Maronen, die Kürbiswürfel und die Thymian-Blättchen hinzu und garen Sie alles 5 Minuten lang weiter.
4. Gießen Sie nun die Gemüsebrühe hinzu und rühren Sie den Frischkäse sowie den Meerrettich aus dem Glas unter. Würzen Sie mit Salz und Pfeffer und garen Sie alles weitere 3 Minuten lang.
5. Kochen Sie die Bandnudeln nach Packungsanleitung in Salzwasser bissfest. Anschließend abgießen und mit der Kürbis-Maroni-Soße vermischen.
6. Richten Sie das Nudelgericht in Tellern an und reiben Sie den frischen Meerrettich darüber.

61. Spitzkohl-Nudel Risotto mit Lauch

Kalorien: 449 kcal | Fett: 25 g | Kohlenhydrate: 46 g | Eiweiß: 20 g

Zubereitungszeit: **45 min**
Portionen: **4**
Schwierigkeit: **leicht**

Zutaten:

- 500 g Spitzkohl
- 500 g Lauch
- 1 Küchenzwiebel
- 4 Thymianzweige
- 300 g Risotto-Reis
- 50 g Mandelkerne
- 70 g Parmesan
- 5 EL Rapsöl
- Schwarzer Pfeffer, Salz
- 1 l Gemüsebrühe

Zubereitung:

1. Putzen, waschen und vierteln Sie den Spitzkohl. Entfernen Sie dabei den Strunk und schneiden Sie die Kohlviertel in Streifen. Auch den Lauch putzen, der Länge nach halbieren, waschen und in Halbringe schneiden.
2. Erhitzen Sie 3 EL Rapsöl in einer großen Pfanne und braten Sie darin das Gemüse rund 10 Minuten bei mittlerer bis hoher Hitzezufuhr an. Pfeffern, salzen und dann zugedeckt auf der ausgeschalteten Herdplatte warmhalten.
3. Bringen Sie zwischenzeitlich die Gemüsebrühe zum Kochen. Schälen Sie die Küchenzwiebel und würfeln Sie diese fein. Thymian waschen, trockenschütteln und die Blättchen abzupfen: Nun noch fein hacken. Erhitzen Sie das restliche Rapsöl in einem großen Topf und schwitzen Sie darin die Zwiebel an. Nun den Risotto-Reis hinzufügen und unter stetigem Rühren ca. 1 Minute lang mitbraten.
4. Löschen Sie nun alles mit 100 ml Brühe ab und lassen Sie es kurz einkochen. Bedecken Sie dann den Topfinhalt mit Brühe und kochen Sie alles bei mittlerer Hitzezufuhr und gelegentlichem Rühren weiter, bis die Flüssigkeit fast vollständig aufgesogen wurde. Wiederholen Sie diesen Vorgang weiter, bis die ganze Brühe aufgebraucht und der Risotto-Reis bissfest ist. Nun den Thymian untermischen und mit Salz und Pfeffer abschmecken.
5. Nun noch die Mandeln grob hacken und fettfrei anrösten. Unter das Risotto haben und auf Tellern verteilen. Alles mit Parmesan bestreuen.

62. Buchweizen-Grünkohl Risotto

Kalorien: 450 kcal | Fett: 22 g | Kohlenhydrate: 47 g | Eiweiß: 17 g

Zubereitungszeit: **25 min**
Portionen: **2**
Schwierigkeit: **leicht**

Zutaten:

- 1 große Küchenzwiebel
- 250 g Grünkohl
- 1 Knoblauchzehe
- 150 g Buchweizen
- 3 EL Parmesan
- 250 ml Gemüsebrühe
- 3 EL Olivenöl
- 20 g Steinpilze, getrocknet
- 3 EL frische Petersilie

Zubereitung:

1. Steinpilze mit 150 ml heißem Wasser übergießen und ungefähr eine halbe Stunde lang quellen lassen. In der Zwischenzeit die Küchenzwiebel schälen und fein würfeln. Grünkohl putzen und in mundgerechte Stückchen zupfen. Knoblauch schälen und fein hacken.
2. Steinpilze dann abgießen und Einweichwasser auffangen. Pilze kleinhacken.
3. 1 EL Olivenöl in einem Topf erhitzen und den Knoblauch darin andünsten. Grünkohl hinzugeben, pfeffern und salzen: Alles bei starker Hitzezufuhr 3 Minuten anbraten. Mit 100 ml Gemüsebrühe ablöschen und nicht zugedeckt bei mittlerer Hitzezufuhr garen, bis alle Flüssigkeit verdampft ist.
4. Grünkohl aus dem Topf nehmen, abkühlen lassen. Das restliche Olivenöl dann erhitzen und die Zwiebel glasig dünsten. Die Pilze und den Buchweizen untermischen und mit der restlichen Brühe sowie knapp 100 ml des Pilzwassers aufgießen. Mit Deckel bei schwacher Hitzezufuhr 25 Minuten garen, bis alle Flüssigkeit aufgesogen werden konnte.
5. Dann den Grünkohl unter das Buchweizen-Risotto rühren und 3 Minuten warm werden lassen.

   Mit frisch gehackter Petersilie und Parmesan bestreuen.

63. Kritharaki mit mediterraner Note

Kalorien: 551 kcal | Fett: 17 g | Kohlenhydrate: 81 g | Eiweiß: 16 g

Zubereitungszeit: **30 min**
Portionen: **4**
Schwierigkeit: **leicht**

Zutaten:

- 1 l Gemüsebrühe
- 1 rote Küchenzwiebel
- 300 g Kritharaki (griech. Reisnudeln)
- 1 EL Tomatenmark
- 250 g Mozzarella
- 3 EL natives Olivenöl
- 2 TL Oregano, getrocknet
- Pfeffer, Salz
- 60 g getrocknete Tomaten, eingelegt in Öl

Zubereitung:

1. Schälen Sie zunächst einmal die Zwiebel und würfeln Sie diese fein. Kochen Sie dann die Gemüsebrühe auf.
2. Erhitzen Sie nun das Olivenöl und dünsten Sie darin die Zwiebel und die Reisnudeln bei mittlerer Hitzezufuhr glasig an. Rühren Sie dann das Tomatenmark unter und gießen Sie ein Viertel der Gemüsebrühe an. Garen Sie das Reisnudel-Risotto unter stetigem Rühren und bei mittlerer Hitzezufuhr rund 20 Minuten lang weiter. Gießen Sie dann nach und nach die restliche Gemüsebrühe hinzu.
3. Tropfen Sie im nächsten Schritt nun die getrockneten Tomaten ab und schneiden Sie den Mozzarella in Scheiben. Rühren Sie anschließend beides unter die griechischen Reisnudeln.
4. Würzen Sie zum Schluss noch mit Pfeffer, Oregano und Salz und lassen Sie das Gericht kurz ruhen, bis der Mozzarella leicht angeschmolzen ist.

64. Pasta mit Spinat & Champignons

Kalorien: 485 kcal | Fett: 15 g | Kohlenhydrate: 72 g | Eiweiß: 22 g

Zubereitungszeit: 15 min
Portionen: 2
Schwierigkeit: leicht

Zutaten:

- 250 g Champignons
- 2 Knoblauchzehen
- 2 EL natives Olivenöl
- 200 g Kirschtomaten
- 200 g Vollkorn-Fusilli
- 100 g Baby-Blattspinat
- 1 EL Saft einer Zitrone
- 2 EL Tomatenmark
- Prise Muskatnusspulver
- Pfeffer und Salz

Zubereitung:

1. Die Champignons putzen und in dünne Scheiben schneiden. Den Knoblauch schälen und pressen.
2. Das Olivenöl in einem Topf nun erhitzen und die Pilze sowie den Knoblauch darin anbraten. Geben Sie die Kirschtomaten und 200 ml Wasser hinzu. Lassen Sie alles einmal aufkochen. Mischen Sie dann die Vollkornnudeln unter und lassen Sie alles ca. 10 Minuten lang weiterköcheln. Rühren Sie gelegentlich um.
3. Nun den Blattspinat waschen und trockenschleudern. Geben Sie den Blattspinat zu den Nudeln hinzu und kochen Sie alles 3-4 Minuten lang weiter. Rühren Sie dann noch den Saft der Zitrone sowie das Tomatenmark unter und würzen Sie mit Pfeffer, Salz sowie einer Prise Muskatnusspulver.

65. Mediterrane Hülsenfrüchte Pasta

Kalorien: 740 kcal | Fett: 33 g | Kohlenhydrate: 83 g | Eiweiß: 48 g

Zubereitungszeit: 15 min
Portionen: 2
Schwierigkeit: leicht

Zutaten:

- 1 Zwiebel
- 2 Knoblauchzehen
- 2 EL natives Olivenöl
- 2 EL Kräuter de Provence
- 400 g gehackte Tomaten aus der Dose
- 250 g Hülsenfrüchte Nudeln, z.B. Kichererbsen-Fusilli
- 100 g Oliven, schwarz ohne Stein
- 80 g Parmesan, gerieben
- Pfeffer, Salz

Zubereitung:

1. Den Knoblauch und die Zwiebel schälen und fein würfeln.
2. Erhitzen Sie dann in einem Topf das Olivenöl und dünsten Sie darin die Zwiebel sowie den Knoblauch an. Die Kräuter de Provence hinzugeben und mitdünsten.
3. Geben Sie nun die gehackten Tomaten in den Topf mit hinein und fügen Sie 400 ml Wasser hinzu. Mischen Sie nun auch die Hülsenfrüchte-Nudeln unter. Bei mittlerer Hitzezufuhr köcheln lassen bis die Pasta gar ist. Zwischendurch immer wieder mal umrühren.
4. Schneiden Sie nun die schwarzen Oliven in feine Ringe und rühren Sie diese mitsamt dem Parmesan unter die Nudeln. Mit Pfeffer und Salz würzen.

66. Salbei-Kürbis Nudeln

Kalorien: 535 kcal | Fett: 15 g | Kohlenhydrate: 86 g | Eiweiß: 18 g

Zubereitungszeit: 20 min
Portionen: 2
Schwierigkeit: leicht

Zutaten:

- 225 g Dinkel-Bandnudeln
- 300 g Hokkaidokürbis
- Pfeffer, Salz
- 2 EL natives Olivenöl
- 2 Knoblauchzehen
- 4 Salbei-Blätter
- ½ Zitrone

Zubereitung:

1. Kochen Sie die Bandnudeln nach Packungsanleitung in Salzwasser. Dann in einem Sieb abtropfen lassen.
2. Waschen Sie zwischenzeitlich den Hokkaido-Kürbis, putzen und befreien Sie ihn von den Kernen. Schneiden Sie nun das Fruchtfleisch mit einem Sparschäler in breitere Streifen – ähnlich wie die Bandnudeln.
3. Erhitzen Sie das Olivenöl in einer großen Pfanne und braten Sie darin 4-5 Minuten den Kürbis an. Gegen Ende der Garzeit die beiden Knoblauchzehen schälen und dazu pressen.
4. Waschen Sie die Salbei-Blätter und schneiden Sie diese in feine Streifen.
5. Waschen Sie auch die Zitrone heiß ab: Reiben Sie dann die Schale und pressen Sie den Saft einer Hälfte aus.
6. Vermischen Sie nun die Dinkel-Bandnudeln mit dem Saft und der Schale der Zitrone. Geben Sie den Kürbis hinzu und würzen Sie nach Ihren Wünschen mit Pfeffer und Salz. Anrichten und genießen!

67. Vegetarische Bolognese

Kalorien: 635 kcal | Fett: 25 g | Kohlenhydrate: 83 g | Eiweiß: 25 g

Zubereitungszeit: 25 min
Portionen: 2
Schwierigkeit: leicht

Zutaten:

- 250 g Dinkel-Spaghetti
- 1 Bio-Möhre, groß
- 1 rote Zwiebel
- 2 Knoblauchzehen
- 1 Stange Staudensellerie
- 5 EL Sonnenblumenkerne
- Salz, Pfeffer
- 2 EL natives Olivenöl
- 400 g gehackte Tomaten aus der Dose
- 1 EL Oregano, getrocknet
- ½ Bund Basilikum

Zubereitung:

1. Die Spaghetti nach Packungsanleitung in Salzwasser bissfest garen. Anschießend abseihen und abtropfen lassen.
2. Schälen Sie zwischenzeitlich die Möhre, die Zwiebel sowie die beiden Knoblauchzehen. Den Staudensellerie ebenfalls putzen und waschen. Alles in feine Würfel schneiden.
3. Die Sonnenblumenkerne grob hacken.
4. Erhitzen Sie nun in einem Topf das Olivenöl. Braten Sie darin die Möhre, den Knoblauch, die Sonnenblumenkerne, den Staudensellerie sowie die Zwiebel kurz an. Fügen Sie 100 ml Wasser und die gehackten Tomaten hinzu: Lassen Sie alles 10 Minuten lang köcheln. Würzen Sie diese vegetarische Bolognese mit Pfeffer, Salz und Oregano.
5. Waschen Sie das Basilikum, schütteln Sie ihn trocken und zupfen Sie die Blättchen ab. Verteilen Sie die Spaghetti auf zwei Teller und geben Sie die vegetarische Bolognese darüber. Zum Schluss mit den Basilikum-Blättern garnieren.

68. Brokkoli Hirse mit getrockneten Tomaten

Kalorien: 365 kcal | Fett: 14 g | Kohlenhydrate: 49 g | Eiweiß: 12 g

Zubereitungszeit: 25 min
Portionen: 2
Schwierigkeit: leicht

Zutaten:

- 100 g Hirse
- 250 ml Gemüsebrühe
- Salz, Pfeffer
- 50 g getrocknete Tomaten
- 500 g Brokkoli
- 2 EL Pinienkerne

Zubereitung:

1. Bringen Sie die Gemüsebrühe zum Kochen und garen Sie darin bei mittlerer Hitzezufuhr ungefähr eine Viertelstunde lang die Hirse.
2. Den Brokkoli waschen, putzen und in Röschen teilen. Bringen Sie in einem Topf Salzwasser zum Kochen und dünsten Sie ihn darin 10 Minuten lang an.
3. Schneiden Sie nun die getrockneten Tomaten in feine Streifen.
4. Rösten Sie dann die Pinienkerne in einer Pfanne ohne Zugabe von Fett goldbraun an.
5. Mischen Sie nun alle Zutaten vorsichtig zusammen und würzen Sie alles mit Pfeffer und Salz.

69. Gefüllte Paprikaschoten mit Schafskäse und Feta

Kalorien: 491 kcal | Fett: 14 g | Kohlenhydrate: 66 g | Eiweiß: 17 g

Zubereitungszeit: **30 min**
Portionen: **2**
Schwierigkeit: **leicht**

Zutaten:

- 150 g Reis
- 3 Frühlingszwiebeln
- 8 Kirschtomaten
- 120 g Schafskäse
- 2 EL Tomatenmark
- 1 TL Ras el Hanout
- 2 Knoblauchzehen
- 1 Paprikaschote, gelb
- 1 Paprikaschote rot
- 1 Paprikaschote, orange
- ½ Bund frische Petersilie
- Salz, Pfeffer

Zubereitung:

1. Kochen Sie zunächst einmal den Reis nach Packungsanleitung.
2. Putzen und waschen Sie dann die Frühlingszwiebeln und schneiden Sie diese in feine Ringe. Waschen Sie die Kirschtomaten und vierteln Sie diese. Auch den Schafskäse bröckeln oder fein würfeln.
3. Gießen Sie den Reis ab. Rühren Sie das Tomatenmark mit 2 EL Wasser und 1 TL Ras el Hanout glatt. Mischen Sie es dann unter den Reis.
4. Nun die beiden Knoblauchzehen schälen und in den Reis dazu pressen. Die Frühlingszwiebel-Ringe, den zerbröckelten Schafskäse sowie die geviertelten Tomaten untermengen.
5. Waschen Sie nun die Paprikaschoten, halbieren Sie diese, entfernen Sie Strunk, Kerne und die weißen Trennwände. Füllen Sie die Reismischung nun in jede Hälfte.
6. Geben Sie nun einen Topf Wasser, sodass der Topfboden ungefähr 1 cm hoch bedeckt ist. Geben Sie die Paprikahälften in einen Dampfgar-Einsatz und garen Sie diese 10 Minuten lang.
7. Zum Schluss noch die Petersilie waschen, trockenschütteln, fein hacken und über das Gericht streuen.

70. Bunte Gemüse-Hirse

Kalorien: 316 kcal | Fett: 12 g | Kohlenhydrate: 45 g | Eiweiß: 10 g

Zubereitungszeit: **25 min**
Portionen: **2**
Schwierigkeit: **leicht**

Zutaten:

- 2 große Bio-Möhren
- 1 Zwiebel
- 2 EL Olivenöl
- 200 g TK-Erbsen
- 100 g Hirse
- 300 ml Gemüsebrühe
- Salz, Pfeffer

Zubereitung:

1. Die Möhren schälen und klein würfeln. Die Zwiebel schälen und in Spalten schneiden.
2. Erhitzen Sie das Olivenöl in einer Pfanne und braten Sie darin die Hirse, die Zwiebel, die Möhren sowie die tiefgefrorenen Erbsen rund 3 Minuten lang an.
3. Löschen Sie dann alles mit der Gemüsebrühe ab und lassen Sie alles bei mittlerer Hitzezufuhr 15 Minuten lang köcheln.
4. Würzen Sie zum Schluss noch mit Pfeffer sowie einer Prise Salz und füllen Sie Ihre One-Pot-Hirse in Schüsselchen.

Tipp: Sie können alternativ auch Buchweizen, Bulgur, Couscous oder Quinoa verwenden. Die vegetarische Küche bietet eine herrlich breitgefächerte Abwechslung.

Gratins & Aufläufe

In diesem Kapitel finden Sie vielseitige und gesunde vegetarische Sattmacher aus dem Backofen!
Gratins und Aufläufe sind ein sehr beliebter Bestandteil der Veggie-Küche und bei allen Familienmitgliedern und Gästen beliebt. Gratins und Aufläufe sind im Handumdrehen vorbereitet, schmecken richtig gut und versorgen den Körper mit der ganzen Fülle an Vitaminen, sekundären Pflanzenstoffen, Ballaststoffen und Mineralien.

Schon während des Garens im Backofen entfalten diese Speisen einen herrlich aromatischen und intensiv-frischen Geruch. Die Kombination aus knuspriger Kruste und köstlich durchzogenen Füllungen sorgt für ein besonderes kulinarisches Erlebnis.

Entdecken Sie Gemüse, Getreide, Pasta, Kräuter und Gewürze in unvergleichlich leckeren Kombinationen!

Natürlich können Sie auch hier nach Ihrem Geschmack Zutaten austauschen und variieren.

Wir wünschen viel Freude beim Ausprobieren, Nachkochen und Genießen!

71. Apfel-Auflauf – für süße Momente

Kalorien: 490 kcal | Fett: 27 g | Kohlenhydrate: 57 g | Eiweiß: 8 g

Zubereitungszeit: **20 min**
Portionen: **2**
Schwierigkeit: **leicht**

Zutaten:

- 1 TL Zimtpulver
- 75 g Margarine
- 100 g Dinkelmehl
- 40 g Kokosblütenzucker
- 2 EL Cranberrys
- 50 g Walnüsse, gehackt
- 4 rote Bio-Äpfel

Zubereitung:

1. Fette zuerst die Auflaufform aus.
2. Vermenge nun in einer Rührschüssel das Dinkelmehl mit dem Zimtpulver sowie dem Kokosblütenzucker.
3. Die Margarine nun schmelzen und unter den Teig mischen. Kneten Sie alles nun gründlich durch, sodass Brösel entstehen.
4. Schälen, entkernen und schneiden Sie die Äpfel in Würfel. Verteilen Sie diese anschließend in die Auflaufform.
5. Die gehackten Walnüsse und die Cranberrys darüber geben. Die Streusel darauf verteilen und im Ofen für 20 Min bei 180 Grad backen.
6. Den Auflauf herausnehmen und etwas auskühlen lassen. Guten Appetit!

72. Zucchini-Schiffchen aus dem Ofen mit Tomate-Bulgur-Füllung

Kalorien: 210 kcal | Fett: 9 g | Kohlenhydrate: 18 g | Eiweiß: 8 g

Zubereitungszeit: **30 min**
Portionen: **4**
Schwierigkeit: **leicht**

Zutaten:

- 200 g Bulgur
- 800 g Strauchtomaten
- 6 EL Olivenöl
- Pfeffer, Meersalz
- 4 Zucchini
- 2 Küchenzwiebeln
- 2 Knoblauchzehen

Zubereitung:

1. Schälen Sie zunächst einmal die Knoblauchzehen und die Küchenzwiebeln und würfeln Sie beides schön fein.
2. Nun die Tomaten waschen, vom Stielansatz befreien und klein würfeln.
3. Erhitzen Sie in einer Pfanne 1 EL Olivenöl und schwitzen Sie darin die Knoblauch- sowie die Zwiebelwürfel an. Anschließend herausnehmen und auf die Seite stellen.
4. Geben Sie nun 250 ml Wasser in die Pfanne und kochen Sie darin 2 bis 5 Minuten lang den Bulgur auf. Anschließend vom Herd nehmen und 10 Minuten lang quellen lassen. Geben Sie nun den Knoblauch sowie die Zwiebelwürfel hinzu.
5. Waschen Sie nun die Zucchini, halbieren Sie diese der Länge nach. Höhlen Sie das Fruchtfleisch aus und befüllen Sie die Zucchini-Schiffchen mit der Bulgur-Knoblauch-Zwiebel-Mischung. Jedes Schiffchen noch mit ½ EL Olivenöl beträufeln und mit Pfeffer sowie Salz abschmecken.
6. Geben Sie nun noch 1 EL Olivenöl in die Pfanne. Nach und nach nun die Tomaten sowie 50 ml Wasser hinzugeben. Alles mit Salz abschmecken und über die Zucchini-Schiffchen geben.
7. Geben Sie die Zucchini nun in eine Gratin-Form und backen Sie diese 30 Minuten lang bei 180 Grad.

73. Bohnen-Grünkohl Eintopf mit frischer Thymian-Note

Kalorien: 230 kcal | Fett: 12 g | Kohlenhydrate: 23 g | Eiweiß: 10 g

Zubereitungszeit: 20 min
Portionen: 2
Schwierigkeit: leicht

Zutaten:

- 2 Stangen Staudensellerie
- 2 EL natives Olivenöl
- 1 Bio-Möhre
- 250 g Bohnen aus der Dose / Glase
- 2 Knoblauchzehen
- 1 rote Küchenzwiebel
- 6 Thymianzweige
- 1 EL Tomatenmark
- 300 g Grünkohl
- Salz, Pfeffer

Zubereitung:

1. Beginnen Sie damit, die Grünkohlblätter von den dicken Stielen zu befreien und in 1 cm breite Streifen zu schneiden. Die Möhre schälen, den Sellerie waschen und beides ebenfalls klein schneiden.
2. Den Knoblauch und die Zwiebel schälen und fein würfeln. Den Thymian als Nächstes waschen.
3. In einem Suppentopf das Olivenöl erhitzen und darin die rote Zwiebel, den Knoblauch, den Sellerie und die Möhre unter stetigem Rühren dünsten. Tomatenmark hinzugeben, mitrösten und dann mit 500 ml Wasser ablöschen.
4. Thymian und Grünkohlblätter hinzugeben und mit Pfeffer und Salz würzen. Alles zugedeckt bei schwacher Hitze 35 Minuten garen.
5. Gegen Ende der Garzeit die abgetropften Bohnen in den Eintopf geben. Fangen Sie das Bohnenwasser dabei auf und garen Sie es 10 Minuten mit. Den Thymianzweig anschließend herausholen.
6. Nun eine Schöpfkelle Eintopf herausnehmen, mit dem Pürierstab kräftig durchpürieren und wieder in den Eintopf rühren. Dadurch können Sie den Eintopf etwas andicken. Anschließend auf Tellern anrichten und servieren.

74. Spinat-Schafskäse Gratin

Kalorien: 222 kcal | Fett: 11 g | Kohlenhydrate: 15 g | Eiweiß: 11 g

Zubereitungszeit: **25 min**
Portionen: **4**
Schwierigkeit: **leicht**

Zutaten:

- 1 Bio-Ei, Größe M
- 400 g Bio-Schafskäse
- 250 ml Bio-Milch (1,5 %)
- 4 EL natives Olivenöl
- 300 g Blattspinat
- 1 Pck. Filo-Teig
- Meersalz, Pfeffer
- 2 Knoblauchzehen
- 2 Küchenzwiebeln

Zubereitung:

1. Den Teig zuerst bei Zimmertemperatur ruhen lassen. In der Zwischenzeit den Spinat verlesen und waschen. Die Zwiebeln und den Knoblauch schälen und hacken. Erhitzen Sie in einem Topf 2 EL Olivenöl und dünsten darin Knoblauch und Zwiebeln an. Den Spinat hinzugeben und alles mit Pfeffer und Salz würzen. In ein Sieb geben und etwas abtropfen lassen.
2. Erhitzen Sie in einem Topf das restliche Olivenöl und geben die Milch hinein. Feuchten Sie ein Küchentuch etwas an und legen dies auf eine Arbeitsfläche. Legen Sie nun 2 Teigblätter überlappend auf das Küchentuch und bestreichen diese mit der Milch-Mischung. Noch 2 Teigblätter darauflegen und wieder mit Milch bestreichen. Wiederholen Sie dies noch mit einem fünften Teigblatt und legen dies in die Mitte. Wieder mit Milch bestreichen.
3. Zerbröseln Sie als nächstes den Feta und mengen ihn unter den Spinat. Die Hälfte nun auf den Teigplatte (der langen Seite nach) verteilen und aufrollen. Formen Sie hieraus nun eine Schnecke und legen sie in die Mitte einer gefetteten Tarte-Form. Wiederholen Sie dies mit den restlichen Teigblättern. Zum Schluss den Rest Milch mit dem letzten Ei verquirlen und in die Form geben. Im Ofen bei 200 Grad für 35 Minuten backen.
4. Das Gratin herausnehmen und servieren.

75. Caprese-Gratin mit weißer Quinoa

Kalorien: 625 kcal | Fett: 48 g | Kohlenhydrate: 37 g | Eiweiß: 23 g

Zubereitungszeit: **20 min**
Portionen: **2**
Schwierigkeit: **leicht**

Zutaten:

- 200 ml Gemüsebrühe
- 100 Quinoa, weiß
- 300 g Strauchtomaten
- 200 g Sahne
- Pfeffer, Salz
- 2 Knoblauchzehen
- 1 Bund frisches Basilikum
- 225 g Mozzarella
- Olivenöl für die Gratinform

Zubereitung:

1. Geben Sie die Quinoa in ein Sieb, dann gründlich abbrausen und abtropfen lassen.
2. Bringen Sie nun in einem Topf die Gemüsebrühe zum Kochen. Geben Sie die Quinoa hinein und lassen Sie sie 10 Minuten lang köcheln. Gelegentlich umrühren. Dann abgießen und abkühlen lassen.
3. Waschen Sie zwischenzeitlich die Strauchtomaten und schneiden Sie sie in grobe Stücke. Entfernen Sie unbedingt auch den Stielansatz. Schälen und würfeln Sie auch die Knoblauchzehen grob.
4. Nun die Tomatenstücke mit dem Knoblauch, der Sahne, einer Prise Salz und Pfeffer in ein hohes Rührgefäß geben und fein pürieren. Heizen Sie nun den Backofen auf 175 Grad Ober- und Unterhitze vor.
5. Das Basilikum waschen, trockenschütteln und die Blättchen abzupfen. Einige Blätter für die spätere Verzierung auf die Seite legen. Die restlichen Blätter in Streifen. Auch den Mozzarella in dünne Scheiben schneiden.
6. Fetten Sie nun die Gratinform mit dem Olivenöl ein. Vermengen Sie die Quinoa mit der Tomaten-Knoblauch-Sahne Soße und geben Sie in die Auflaufform. Die Basilikumstreifen und die Mozzarella-Scheiben darüber verteilen und im Ofen auf mittlerer Schiene 25 Minuten lang backen. Mit den beiseitegelegten Basilikumblättern noch garnieren.

76. Gemüse-Tofu Quiche

Kalorien: 400 kcal | Fett: 32 g | Kohlenhydrate: 30 g | Eiweiß: 12 g

Zubereitungszeit: 35 min
Portionen: 2
Schwierigkeit: leicht

Zutaten:

- 200 g Räuchertofu
- 1 Küchenzwiebel
- 400 g Pfifferlinge
- 400 ml Sahne
- 2 EL Speisestärke
- 2 EL Haferflocken
- 2 EL natives Olivenöl
- Prise Meersalz, Pfeffer
- 250 g Dinkelmehl + 2 EL Dinkelmehl
- 150 g Margarine

Zubereitung:

1. Vermengen Sie in einer Rührschüssel 250 g Dinkelmehl mit 3 EL Wasser, dem Salz und der Margarine. Kneten Sie aus all diesen Zutaten einen Teig.
2. Eine Springform einfetten und den Teig dort hineingeben. Mit Frischhaltefolie zudecken und für 30 Min im Kühlschrank stehen lassen.
3. Schneiden Sie in der Zwischenzeit den Tofu klein.
4. Die Zwiebel und den Knoblauch schälen und klein hacken. Die Pilze waschen und ebenfalls klein schneiden.
5. In einer Pfanne das Olivenöl erhitzen und Zwiebeln, Knoblauch, Tofu und Pfifferlinge anbraten. Geben Sie die Sahne, die Speisestärke, die Haferflocken und 2 EL Dinkelmehl hinzu. Alles mit Pfeffer würzen und abschmecken.
6. Füllen Sie die Pilzmischung anschließend auf den Teig und backen Sie alles bei 200 Grad für 40 - 45 Min lang.
7. Anschließend herausnehmen und servieren.

77. Auberginen-Zucchini-Gratin nach griechischer Art

Kalorien: 375 kcal | Fett: 30 g | Kohlenhydrate: 6 g | Eiweiß: 21 g

Zubereitungszeit: 10 min
Portionen: 2
Schwierigkeit: leicht

Zutaten:

- 2 große Zucchini
- 2 große Auberginen
- 250 g Strauchtomaten
- 2 EL Olivenöl
- 200 g Schafskäse
- Salz, Pfeffer

Zubereitung:

1. Heizen Sie den Backofen auf 220 Grad vor. Waschen Sie die Zucchini und schneiden Sie diese in feine Scheiben.
2. Die Strauchtomaten waschen, vom Stielansatz befreien und in Scheiben schneiden. Auch die Auberginen putzen und in dünne Scheiben schneiden.
3. Pinseln Sie nun eine Gratinform mit dem Olivenöl ein. Legen Sie dachziegelartig die Zucchini- und die Tomatenscheiben hinein. Mit Pfeffer und Salz würzen.
4. Den Schafskäse nun darüber bröckeln.
5. Schieben Sie die Auflaufform in die Mitte des Ofens und garen Sie das Gratin darin 25 Minuten lang bis der Feta schön goldbraun ist.

Tipp: Wenn es noch etwas sättigender sein soll, können Sie gerne noch Kartoffel- oder Süßkartoffelscheiben mit hineingeben.

78. Ratatouille aus dem Ofen

Kalorien: 305 kcal | Fett: 23 g | Kohlenhydrate: 15 g | Eiweiß: 9 g

Zubereitungszeit: **10 min**
Portionen: **2**
Schwierigkeit: **leicht**

Zutaten:

- 1 große Zucchini
- 1 Aubergine
- 1 rote Paprikaschote
- 1 gelbe Paprikaschote
- 2 rote Küchenzwiebeln
- 2 Knoblauchzehen
- 1 Bund frische Kräuter
- 4 EL Olivenöl
- Salz, Pfeffer
- 1 Dose Mais

Zubereitung:

1. Den Backofen auf 220 Grad vorheizen und ein Blech mit Papier auslegen. Die Zucchini und die Aubergine waschen, putzen und in kleine Würfel schneiden.
2. Die Paprikaschoten waschen, halbieren, die weißen Trennwände sowie die Kerne entfernen und ebenfalls klein würfeln.
3. Die roten Zwiebeln schälen, halbieren und in dünne Spalten schneiden. Auch den Knoblauch schälen und pressen. Den Mais abgießen und gut abbrausen.
4. Die frischen Gartenkräuter waschen, trockenschütteln und fein hacken.
5. Geben Sie nun alle vorbereiteten Zutaten in eine Schüssel und vermischen Sie sie gut mit dem Olivenöl. Würzen Sie nach Ihrem Geschmack mit Pfeffer und Salz. Verteilen Sie nun die Gemüsestückchen auf einem Blech und backen Sie das Ratatouille im Backofen 10 Minuten lang. Nach 5 Minuten einmal wenden / umrühren.

79. Nudel-Kürbis-Gratin

Kalorien: 585 kcal | Fett: 29 g | Kohlenhydrate: 60 g | Eiweiß: 22 g

Zubereitungszeit: **25 min**
Portionen: **4**
Schwierigkeit: **leicht**

Zutaten:

- 25 g Walnusskerne
- 500 g Hokkaido-Kürbis
- 250 g Nudeln, z.B. Penne
- 200 ml Buttermilch
- 130 g geriebener Gouda
- 35 g Semmelbrösel
- Pfeffer, Salz,
- Prise Muskatnusspulver
- 200 g Schmand

Zubereitung:

1. Waschen Sie den Kürbis, entkernen und teilen ihn. Das Fruchtfleisch anschließend reiben.
2. Bringen Sie nun in einem Topf Salzwasser zum Kochen und garen Sie darin nach Packungsanleitung die Nudeln.
3. Geben Sie die Buttermilch mit dem Schmand in einen Topf und erwärmen dies. Rühren Sie langsam 90 g Käse darunter und würzen alles mit Muskat, Pfeffer und Salz.
4. Hacken Sie anschließend die Walnusskerne und mischen Sie diese mit dem restlichen Käse, dem Thymian und den Semmelbröseln.
5. Geben Sie die Nudeln und die Kürbisraspeln nun in eine Auflaufform und füllen die Käse-Schmand-Mischung darüber. Streuen Sie nun noch die Walnuss-Thymian-Semmelbrösel darüber.
6. Alles im Backofen bei 180 Grad 10 Minuten backen und anschließend servieren.

80. Ravioli Gratin mit buntem Gemüse

Kalorien: 485 kcal | Fett: 27 g | Kohlenhydrate: 41 g | Eiweiß: 19 g

---

Zubereitungszeit: 25 min
Portionen: 4
Schwierigkeit: leicht

Zutaten:

- 2 Lauchstangen
- 2 Kohlrabi
- 400 g Ravioli mit Spinat Ricotta Füllung (alternativ: Tortellini)
- 1 rote Zwiebel
- 2 EL natives Olivenöl
- 1 EL Dinkelmehl
- 250 ml Gemüsebrühe
- 100 g Sahne
- 100 g TK-Erbsen
- Pfeffer, Salz,
- 8 Kirschtomaten
- 100 g Bärlauch-Käse

Zubereitung:

1. Putzen Sie den Lauch, schneiden Sie ihn der Länge nach auf und anschließend in dünne Scheiben. Kohlrabi putzen, schälen und würfeln. Küchenzwiebel schälen und klein würfeln.
2. Dünsten Sie die Zwiebel im Olivenöl glasig an. Geben Sie die Kohlrabi-Würfel und die Lauchscheiben hinzu und dünsten Sie diese 3 Minuten lang mit.
3. Stäuben Sie anschließend das Mehl darüber und schwitzen Sie es kurz an. Gießen Sie die Sahne und die Gemüsebrühe hinzu und lassen Sie alles kurz aufkochen. Garen Sie das Gemüse bei mittlerer Hitzezufuhr rund 5 Minuten und geben Sie dann die Erbsen hinzu. Zum Schluss nach Belieben pfeffern und salzen.
4. Ravioli oder Tortellini nach Packungsanleitung garen, abtropfen lassen und mit dem Gemüse vermengen. Fetten Sie eine Gratinform ein und geben Sie die Gemüse-Ravioli-Mischung hinein.
5. Waschen Sie nun die Kirschtomaten und legen Sie diese über die Gemüse-Ravioli-Mischung. Zum Schluss noch den Bärlauch-Käse darüber streuen. Backen Sie das Gratin bei 200 Grad 25 Minuten lang.

81. Gefüllte Süßkartoffeln aus dem Backofen

Kalorien: 423 kcal | Fett: 16 g | Kohlenhydrate: 64 g | Eiweiß: 10 g

Zubereitungszeit: **25 min**
Portionen: **2**
Schwierigkeit: **leicht**

Zutaten:

- 350 g Süßkartoffeln
- 2 EL natives Olivenöl
- 1 EL Rapsöl
- 3 Pak Choi
- 2 EL Frischkäse
- 80 g geriebener Gouda
- Meersalz, Pfeffer

Zubereitung:

1. Waschen Sie die Süßkartoffeln gründlich ab und schneiden Sie diese in 2 Hälften. Pinseln Sie sie nun von allen Seiten gut mit Olivenöl ein und legen Sie sie auf ein mit Backpapier ausgelegtes Backblech. Backen Sie die Süßkartoffeln nun 40 Minuten lang bei 200 Grad Ober- und Unterhitze.
2. Befreien Sie zwischenzeitlich den Pak Choi vom Strunk, waschen Sie ihn und schneiden Sie die Blätter in ganz dünne Streifen.
3. Geben Sie nun das Rapsöl in die Pfanne und braten Sie darin den Pak Choi an. Mit Pfeffer und Salz würzen.
4. Holen Sie nun die Süßkartoffeln aus dem Ofen, lassen Sie diese kurz abkühlen und höhlen Sie sie mit einem Löffel vorsichtig aus. Lassen Sie dabei einen Rand von ungefähr 1 cm stehen.
5. Stampfen Sie nun das Süßkartoffelinnere und vermischen Sie es mit dem Pak Choi sowie dem Frischkäse. Füllen Sie diese Mischung nun in die Süßkartoffel-Hälften zurück und streuen Sie jede Hälfte mit dem geriebenen Gouda. Nun die Süßkartoffel-Hälfen bei gleicher Temperatur im Ofen nochmals 5-8 Minuten backen.

82. Brokkoli-Süßkartoffel Auflauf

Kalorien: 323 kcal | Fett: 18 g | Kohlenhydrate: 19 g | Eiweiß: 12 g

Zubereitungszeit: **25 min**
Portionen: **4**
Schwierigkeit: **leicht**

Zutaten:

- 1 großer Brokkoli
- 4 EL natives Olivenöl
- 1 Knoblauchzehe
- 4 EL Quinoa Flocken
- 2 EL Apfelessig
- 3 EL Schnittlauch-Röllchen
- 3 große Süßkartoffeln
- Pfeffer, Salz

Zubereitung:

1. Brausen Sie den Brokkoli ab und zerteilen Sie ihn in einzelne Röschen. Schälen Sie dann die Süßkartoffeln und schneiden Sie diese in Scheiben. Zusammen mit dem Romanesco nun die Süßkartoffeln rund 5-10 Minuten im Salzwasser blanchieren. Absieben und gut abtropfen lassen.
2. Heizen Sie Ihren Backofen auf 200 Grad Celsius Ober- und Unterhitze vor.
3. Schälen Sie nun den Knoblauch und würfeln Sie ihn fein. Mischen Sie nun den Knoblauch zusammen mit den Schnittlauchröllchen unter die Quinoa-Flocken. Geben Sie das Olivenöl und den Apfelessig hinzu und schmecken Sie alles mit Pfeffer sowie einer Prise Salz ab.
4. Verteilen Sie den Brokkoli mit den Süßkartoffeln in die Gratin-Form und verteilen Sie die Quinoa-Flocken darüber. Im Ofen 15-20 Minuten lang backen.

83. Spinat-Auflauf mit Ricotta

Kalorien: 728 kcal | Fett: 16 g | Kohlenhydrate: 70 g | Eiweiß: 24 g

Zubereitungszeit: **25 min**
Portionen: **4**
Schwierigkeit: **leicht**

Zutaten:

- 100 g Bergkäse
- 500 g frischer Spinat
- 100 g Kirschtomaten
- 1 Küchenzwiebel
- 1 Knoblauchzehe
- Pfeffer, Meersalz, Muskatnuss
- 1 EL Rapsöl
- 250 g Ricotta
- 250 ml frische Bio-Milch (1,5 %)
- 800 g Spinat-Ricotta-Tortelloni

Zubereitung:

1. Waschen Sie zuerst den Spinat und entfernen die dicken Stiele. Anschließend klein schneiden. Den Knoblauch und die Zwiebel schälen und in Würfel schneiden.
2. Erhitzen Sie in einer Pfanne das Öl und dünsten darin Knoblauch und Zwiebeln an. Die Milch hinzugeben und alles aufkochen lassen. Rühren Sie noch den Ricotta ein und würzen alles mit Pfeffer, Salz und Muskatnuss. Lassen Sie alles 5 Minuten köcheln.
3. Kochen Sie die Tortelloni in reichlich Salzwasser für 2 Minuten. Anschließend abtropfen lassen.
4. Waschen Sie die Tomaten und halbieren sie.
5. Vermengen Sie den Spinat mit den Tomaten und der Sauce. Geben Sie alles in eine Auflaufform. Reiben Sie den Bergkäse darüber. Den Auflauf im Backofen bei 200 Grad für 15 Minuten goldbraun backen.
6. Den frischen Auflauf herausnehmen und genießen.

84. Blitz-Auflauf mit Mozzarella

Kalorien: 748 kcal | Fett: 46 g | Kohlenhydrate: 51 g | Eiweiß: 27 g

Zubereitungszeit: **15 min**
Portionen: **4**
Schwierigkeit: **leicht**

Zutaten:

- 50 g getrocknete Tomaten
- 2 Knoblauchzehen
- 2 Thymianstiele
- 1 EL Rapsöl
- 70 g geriebener Parmesan
- 250 ml Sahne
- 500 g Gnocchi
- 150 ml frische Bio-Milch (1,5 %)
- 300 g Strauchtomaten
- Pfeffer, Salz
- 300 g Mozzarella

Zubereitung:

1. Schälen und hacken Sie zuerst den Knoblauch.
2. Geben Sie in eine Pfanne das Öl und dünsten den Knoblauch darin an.
3. Vermengen Sie die Milch und die Sahne miteinander und geben sie in die Pfanne. Alles mit Pfeffer und Salz würzen und kurz aufkochen lassen.
4. Waschen Sie die Tomaten und schneiden sie in Scheiben. Die getrockneten Tomaten ebenfalls klein schneiden. Den Mozzarella abtropfen lassen und in Scheiben schneiden.
5. Geben Sie nun die Tomaten mit dem Mozzarella und den Gnocchi in eine gefettete Auflaufform. Die Sahne-Sauce darüber geben und den Parmesan auf den Auflauf streuen.
6. Bei 200 Grad das Gratin nun für 20 Minuten backen.
7. Waschen und hacken Sie den Thymian. Nach dem Ende der Backzeit den Auflauf herausnehmen und mit dem Thymian garnieren. Sofort warm servieren.

85. Auberginen-Nudeln-Gratin

Kalorien: 610 kcal | Fett: 20 g | Kohlenhydrate: 80 g | Eiweiß: 26 g

Zubereitungszeit: **35 min**
Portionen: **4**
Schwierigkeit: **leicht**

Zutaten:

- Etwas gehackten Basilikum
- 400 g Penne
- 150 g geriebener Emmentaler
- 1 Zucchini
- Etwas Rohrzucker
- 1 Aubergine
- Pfeffer, Meersalz, Paprikapulver
- 2 Küchenzwiebeln
- 1 Knoblauchzehe
- 2 Dosen stückige Tomaten
- 1 EL Olivenöl

Zubereitung:

1. Kochen Sie die Nudeln nach Packungsanleitung gar.
2. Die Zucchini und die Aubergine waschen und klein schneiden. Die Zwiebel und den Knoblauch schälen und klein schneiden.
3. Erhitzen Sie in einer Pfanne das Öl und dünsten darin den Knoblauch und die Zwiebeln an. Geben Sie die Zucchini- und Auberginenscheiben hinzu. Die stückigen Tomaten in die Pfanne geben und alles für 10 Minuten köcheln lassen. Würzen Sie nach Belieben mit Pfeffer, Paprikapulver, Zucker und Meersalz ab.
4. Gießen Sie die Nudeln ab und geben Sie zusammen mit der Gemüse-Pfanne in eine Auflaufform. Den Käse darüber geben und den Auflauf bei 180 Grad 20 Minuten backen.
5. Alles herausnehmen und mit dem Basilikum garnieren.
6. Guten Appetit!

Suppen & Eintöpfe

Eintöpfe, Brühe und Suppen sind nicht nur für kalte Tage ein ausgezeichneter Begleiter.
Das Herzstück bilden immer Lebensmittel, die sich äußerst harmonisch ergänzen und somit für eine unvergleichlich leckere geschmackliche Komposition sorgen.

Doch auch kalte Suppen bereichern die vegetarische Küche, vor allem die Sommerküche! Frisches Gemüse, aromatische Kräuter und Hülsenfrüchte verbinden sich zu kreativen Rezeptvariationen.

Ganz egal ob eine nährende Brühe, ein ideal sättigender Eintopf oder eine erfrischende Kaltschale: In diesem Kapitel ist mit Sicherheit für jeden das Richtige dabei!

Probieren Sie die Suppen- und Eintopf-Rezepte aus und entdecken Sie auch eigene Kreationen! Wir sagen guten Appetit und viel Freude beim Nachkochen!

86. Bärlauch-Kartoffel-Suppe

Kalorien: 310 kcal | Fett: 15 g | Kohlenhydrate: 31 g | Eiweiß: 17 g

Zubereitungszeit: 25 min
Portionen: 4
Schwierigkeit: leicht

Zutaten:

- 3 rote Küchenzwiebeln
- 1 Knoblauchzehe
- 600 g Kartoffeln
- 3 EL natives Olivenöl
- 700 ml Gemüsebrühe
- 150 g Sahne
- Salz, Pfeffer
- Schale einer Bio-Zitrone
- ½ TL brauner Zucker
- 1 Bund frischer Bärlauch

Zubereitung:

1. Schälen Sie die Zwiebeln und die Knoblauchzehe. Schneiden Sie 2 der Küchenzwiebeln in feine Ringe. Die dritte Küchenzwiebel sowie die Knoblauchzehe fein würfeln.
2. Schälen Sie nun die Kartoffeln, waschen Sie sie und raspeln Sie diese grob. Erhitzen Sie in einem Topf nun 2 EL Olivenöl und dünsten Sie darin die Zwiebel- und Knoblauchwürfel an. Die Kartoffelraspel hinzugeben und kurz mitandünsten. Gießen Sie die Gemüsebrühe hinzu und lassen Sie alles bei geschlossenem Deckel rund 10 Minuten lang köcheln.
3. Geben Sie nun die Sahne hinzu und pürieren Sie die Suppe mit dem Stabmixer fein durch. Mit Pfeffer, einer Prise Salz sowie der Zitronenschale würzen.
4. Erhitzen Sie nun in einer Pfanne das restliche Olivenöl und rösten Sie darin bei mittlerer Hitze die Zwiebelringe an. Salzen Sie diese nach Belieben und streuen Sie den braunen Zucker darüber. Lassen Sie die Zwiebelringe nun leicht karamellisieren.
5. Verlesen Sie den Bärlauch, waschen Sie ihn und schütteln Sie ihn trocken. Die groben Stiele bitte entfernen. Hacken Sie nun die Blätter schön fein und heben Sie diese dann unter die Suppe.
6. Richten Sie die Kartoffel-Bärlauch Suppe mit den karamellisierten Zwiebelringen an.

Tipp: Wenn Sie Bärlauch im Wald selbst sammeln möchten, sollten Sie darauf achten, ihn keineswegs mit den Blättern des Maiglöckchens zu verwenden, denn diese sind giftig.

87. Süßkartoffel-Walnuss Suppe mit frischer Kresse

Kalorien: 324 kcal | Fett: 17 g | Kohlenhydrate: 29 g | Eiweiß: 18 g

Zubereitungszeit: **25 min**
Portionen: **4**
Schwierigkeit: **leicht**

Zutaten:

- 400 g Süßkartoffeln
- 800 ml Gemüsebrühe
- 100 g Bergkäse
- 50 g Walnuss-Kerne
- 2 Kästchen frische Kresse
- 200 g fettarmer Frischkäse
- Salz, Pfeffer
- Muskatnuss-Pulver

Zubereitung:

1. Schälen Sie die Süßkartoffeln, waschen Sie sie und schneiden Sie diese dann klein. Garen Sie die Süßkartoffeln nun in einem Topf in der Gemüsebrühe ungefähr eine Viertelstunde lang.
2. Reiben Sie nun den Bergkäse und hacken Sie die Walnusskerne grob. Rösten Sie die Walnusskerne anschließend fettfrei in einer Pfanne.
3. Schneiden Sie die Kresse vom Beet und waschen Sie sie in einem Sieb. Danach kurz trockenschütteln. Vermischen Sie die Kresse mit den Nusskernen und der Hälfte des geriebenen Käses.
4. Geben Sie nun den Frischkäse sowie den restlichen geriebenen Bergkäse in die Suppe hinein und pürieren Sie mit dem Stabmixer alles schön feincremig. Mit Pfeffer, Meersalz und Muskatnuss würzen.
5. Mixen Sie alles nochmals schaumig auf und richten Sie die Suppe in Tellern an. Mit der Kresse-Nuss-Käse-Mischung bestreuen und genießen.

88. Eisige Blumenkohl-Suppe

Kalorien: 215 kcal | Fett: 15 g | Kohlenhydrate: 7 g | Eiweiß: 7 g

Zubereitungszeit: 30 min
Portionen: 4
Schwierigkeit: leicht

Zutaten:

- 1 Blumenkohl
- 1 Küchenzwiebel
- 3 EL Olivenöl
- 1 Msp. gemahlener Kreuzkümmel
- 700 ml Gemüsebrühe
- 150 g Sahne (15 %)
- Salz, Pfeffer,
- 1 Handvoll Salbeiblätter
- 2 EL Pfefferbeeren, rosa

Zubereitung:

1. Putzen Sie den Blumenkohl, waschen Sie ihn und zerteilen Sie ihn in Röschen. Schälen Sie auch die Küchenzwiebel und würfeln Sie diese fein.
2. Erhitzen Sie 2 EL Olivenöl in einem Topf und dünsten Sie darin die Zwiebelwürfel an. Geben Sie die Blumenkohl-Röschen hinzu und dünsten Sie diese 4-5 Minuten lang mit an. Würzen Sie dann noch mit dem Kreuzkümmel.
3. Gießen Sie nun die Gemüsebrühe hinzu und garen Sie den Blumenkohl zugedeckt eine Viertelstunde lang weich.
4. Fügen Sie noch die Sahne hinzu und pürieren Sie die Suppe mit dem Stabmixer fein durch. Kräftig salzen und pfeffern. Lassen Sie die Suppe dann abkühlen und stellen Sie sie vor dem Servieren 15 Minuten lang ins Gefrierfach.
5. Erhitzen Sie noch das restliche Olivenöl in der Pfanne und braten Sie darin die Salbeiblätter knusprig an. Mit Pfeffer und Salz würzen.
6. Richten Sie die geeiste Blumenkohlsuppe in Tellern an und garnieren Sie mit den Salbeiblättern sowie den rosa Pfefferbeeren.

Tipp: Der Darm verdaut Blumenkohl aufgrund der enthaltenen Faserstoffe oft recht schwer. Kreuzkümmel ist hier ein ideales Gewürz, das die Bekömmlichkeit erhöht und sehr gut gegen Blähungen wirkt.

89. Pesto-Tomatensuppe mit einem mediterranen Flair

Kalorien: 173 kcal | Fett: 10 g | Kohlenhydrate: 12 g | Eiweiß: 9 g

Zubereitungszeit: **25 min**
Portionen: **4**
Schwierigkeit: **leicht**

Zutaten:

- 800 g Cocktailtomaten
- 2 Knoblauchzehen
- 3 Paprikaschoten, rot
- 1 kleine Fenchelknolle
- 1 TL Oregano
- 1 TL Thymian
- ½ TL Rosmarin
- Salz, Pfeffer
- Prise Currypulver
- Prise Chilipulver
- ½ TL brauner Zucker
- 30 g Parmesan am Stück
- 1 Bund Basilikum
- 1 EL Pinienkerne
- 1 TL Saft einer Bio-Zitrone
- 2 EL natives Olivenöl

Zubereitung:

1. Schälen Sie die Knoblauchzehen und würfeln Sie diese fein.
2. Dann die Tomaten waschen. Die Paprikaschoten der Länge nach halbieren, entkernen und waschen. Auch die Fenchelknolle putzen und waschen. Alles in grobe Stücke schneiden. Legen Sie nun die Hälfte des Knoblauchs und der Fenchelknolle beiseite.
3. Nun die eine Hälfte des Knoblauchs sowie das Gemüse zusammen mit den Kräutern (Oregano, Thymian, Rosmarin) fein mit dem Stabmixer pürieren. Mit Pfeffer, Meersalz, Chili- und Currypulver würzen. Geben Sie nun noch den braunen Zucker hinzu und lassen Sie diese Suppe kurz ziehen.
4. Reiben Sie nun den Parmesan. Waschen Sie das Basilikum und zupfen Sie die Blättchen ab. Einige Blätter für die spätere Garnitur beiseitelegen. Die restlichen Basilikumblätter mit der zweiten Hälfte des Knoblauchs, dem Bio-Zitronensaft, dem Olivenöl, den Pinienkernen sowie dem geriebenen Parmesan zu einem Pesto pürieren.
5. Hacken Sie nun die beiseitegestellte Hälfte der Fenchelknolle fein. Richten Sie die Tomatensuppe in Schälchen an und servieren Sie sie mit dem Pesto, dem gehackten Fenchel sowie den restlichen Basilikumblättern.

90. Kalte Rote Beete Suppe

Kalorien: 248 kcal | Fett: 17 g | Kohlenhydrate: 14 g | Eiweiß: 11 g

Zubereitungszeit: 15 min
Portionen: 4
Schwierigkeit: leicht

Zutaten:

- 500 g Rote Beete (vakuumiert, gekocht)
- 100 g Gewürzgurken
- ¼ l Gemüsebrühe
- 300 g Bio-Buttermilch
- 200 g Schmand
- Salz, Pfeffer
- 2 Bio-Eier, Größe M
- 1 Bund Petersilie, frisch
- 30 g Walnusskerne

Zubereitung:

1. Zerkleinern Sie die Gewürzgurken und die Roten Beeten grob. Nun mit der Gemüsebrühe, der Buttermilch sowie der Hälfte des Schmands in einem hohen Rührbecher mit dem Stabmixer fein pürieren. Pfeffern, salzen und kühl stellen.
2. Kochen Sie nun die beiden Eier rund 8 Minuten lang hart. Die Petersilie waschen, trockenschütteln und ganz fein hacken.
3. Hacken Sie nun auch die Walnusskerne.
4. Die Eier abgießen, kalt abschrecken, pellen und in Viertel schneiden.
5. Die Rote Beete Suppe auf Suppenschüsseln verteilen und mit dem restlichen Schmand, den Eiern, der Petersilie sowie den gehackten Walnusskernen garnieren und servieren.

Tipp: Buttermilch enthält nur wenig Kalorien, dafür aber sehr hochwertiges Milcheiweiß. Zudem steckt in Buttermilch fast doppelt so viel Kalzium wie in herkömmlicher Kuhmilch.

91. Süßkartoffel-Maronen Suppe

Kalorien: 370 kcal | Fett: 9 g | Kohlenhydrate: 66 g | Eiweiß: 7 g

Zubereitungszeit: 30 min
Portionen: 4
Schwierigkeit: leicht

Zutaten:

- 1 Küchenzwiebel
- 400 g Süßkartoffeln
- 2 EL Rapsöl
- 1,2 l Gemüsebrühe
- 400 g Maronen, vorgegart und vakuumiert
- 1 EL Akazienhonig
- ½ Bund Petersilie
- 100 ml Milch (1,5 %)
- Salz, Pfeffer

Zubereitung:

1. Schälen Sie die Zwiebel und die Süßkartoffeln. Beides in Würfel schneiden und in einem großen Topf mit 1 EL Rapsöl andünsten.
2. Gießen Sie nun die Gemüsebrühe hinzu und garen Sie die Süßkartoffeln zugedeckt eine Viertelstunde lang.
3. Würfeln Sie die Maronen und braten Sie diese mit dem restlichen Öl in einer Pfanne knusprig an. Fügen Sie den Akazienhonig hinzu und lassen Sie die Maronen unter stetigem Rühren karamellisieren. Geben Sie dann die Hälfte der karamellisierten Esskastanien in die Suppe hinein.
4. Die Petersilie waschen, trockenschütteln und die Blätter abzupfen. Geben Sie diese dann zusammen mit der Milch in ein hohes Rührgefäß und pürieren Sie mit dem Stabmixer alles schön fein. Dann durch ein Sieb in einen kleinen Topf gießen, kurz aufkochen lassen und mit einem Milchschäumer aufschlagen.
5. Geben Sie nun den Siebrückstand zurück in die Süßkartoffelsuppe und pürieren Sie auch diese mit dem Stabmixer ganz fein. Pfeffern und salzen nach eigenem Geschmack.
6. Richten Sie die Suppe in Tellern an und servieren Sie die karamellisierten Maronen sowie die aufgeschäumte Petersilie dazu.

92. Kürbissuppe – der gesunde Herbstklassiker

Kalorien: 180 kcal | Fett: 9 g | Kohlenhydrate: 21 g | Eiweiß: 5 g

Zubereitungszeit: 30 min
Portionen: 4
Schwierigkeit: leicht

Zutaten:

- 600 g Hokkaido-Kürbis
- 2 Küchenzwiebeln
- 20 g Ingwer
- 1 EL Rapsöl
- ½ TL Kardamompulver
- 1 TL Zimtpulver
- 1 Msp. Nelkenpulver
- 1 l Gemüsebrühe
- 1 großer Apfel
- 2 Mangos
- 200 g saure Sahne
- Salz, Pfeffer
- Prise Muskatnusspulver
- 1 Bund Petersilie

Zubereitung:

1. Den Kürbis waschen, halbieren und von den Kernen befreien. Anschließend in Würfel schneiden. Schälen Sie dann die Zwiebeln und den Ingwer und hacken Sie beides fein. Dünsten Sie alles in einem Topf im Rapsöl an.
2. Geben Sie nun das Kardamompulver, die Gemüsebrühe, das Zimtsowie das Nelkenpulver hinzu. Garen Sie den Kürbis zugedeckt bei schwacher Hitzezufuhr 20 Minuten lang.
3. Waschen, vierteln und entkernen Sie nun den Apfel. Schneiden Sie ihn klein und geben Sie ihn zur Suppe hinzu. Auch die Mango schälen, das Fruchtfleisch vom Stein schneiden und anschließend würfeln. Ebenfalls zur Suppe hinzugeben.
4. Geben Sie nun die saure Sahne in die Suppe hinein.
5. Pürieren Sie jetzt mit dem Stabmixer die Suppe und schmecken Sie alles mit Muskatnusspulver, Salz sowie Pfeffer ab. Die Petersilie nun waschen, trockenschütteln und fein hacken.
6. Richten Sie die Kürbissuppe in Tellern an und bestreuen Sie die Suppe mit der Petersilie.

Tipp: Im Gegensatz zu anderen Kürbissorten müssen Sie den Hokkaido-Kürbis nicht schälen. Die intensiv orange Farbe kommt vom wertvollen Inhaltsstoff Beta-Carotin. Schon 150 Gramm decken den Tagesbedarf!

93. Rote Linsen Suppe mit Ingwer-Koriander-Note

Kalorien: 410 kcal | Fett: 26 g | Kohlenhydrate: 29 g | Eiweiß: 14 g

Zubereitungszeit: **45 min**
Portionen: **4**
Schwierigkeit: **leicht**

Zutaten:

- 1 Küchenzwiebel
- 1 Knoblauchzehe
- 30 g Ingwer
- 180 g rote Linsen
- 1 Bund Koriander, frisch
- 1 EL Kokosöl
- 1 EL Currypulver
- 1 Msp. Cayennepfeffer
- 1 Dose gehackte Tomaten
- Salz, Pfeffer
- 400 ml Kokosmilch, Dose

Zubereitung:

1. Die Zwiebel, den Ingwer und die Knoblauchzehe schälen und fein würfeln. Die roten Linsen kalt abbrausen und abtropfen lassen.
2. Waschen Sie den Koriander, schütteln Sie ihn trocken und zupfen Sie die Blättchen ab. Hacken Sie ihn schön fein.
3. Erhitzen Sie nun das Kokosöl in einem Topf. Dünsten Sie darin die Zwiebel, den Knoblauch, den Ingwer sowie den Koriander an. Rühren Sie nun die roten Linsen, das Currypulver sowie den Cayennepfeffer unter. Dünsten Sie alles 3-5 Minuten lang weiter.
4. Fügen Sie nun die gehackten Tomaten sowie 600 ml Wasser hinzu. Nach Belieben salzen und pfeffern. Lassen Sie die Suppe ca. 25 Minuten lang weiterköcheln.
5. Rühren Sie die Kokosmilch glatt und stellen Sie 4 EL davon beiseite. Geben Sie den Rest der Kokosmilch zur Suppe hinzu und kochen Sie alles nochmals auf.
6. Die rote Linsen Suppe in Schalen anrichten mit der beiseitegestellten Kokosmilch servieren.

Tipp: Dosentomaten sind nicht zwangsläufig ungesund. Im Vergleich zu frischen Tomaten enthalten sie beispielsweise sogar mehr Lycopin. Dieser Stoff gehört zu den Antioxidantien und kann schädliche freie Radikale im Körper unschädlich machen.

94. Tofu-Butternut-Kürbis Eintopf

Kalorien: 708 kcal | Fett: 45 g | Kohlenhydrate: 87 g | Eiweiß: 49 g

Zubereitungszeit: 20 min
Portionen: 4
Schwierigkeit: leicht

Zutaten:

- 1 rote Küchenzwiebel, gewürfelt
- 2 Knoblauchzehen, gehackt
- 1 EL natives Olivenöl
- 100 g Möhren, gewürfelt
- 100 g Stangensellerie, gewürfelt
- 1 EL Petersilie gehackt
- 1 EL Kräuter de Provence
- 1 EL Tomatenmark
- 800 g weiße Bohnen, Dose
- 1 l Gemüsebrühe
- 400 g Butternut-Kürbis, gewürfelt
- 350 g Tofu, mundgerechte Würfel
- 100 g Grünkohl, gehackt

Zubereitung:

1. In einem Topf das Olivenöl erhitzen und die Möhren, die Zwiebel, die Knoblauchzehen, den Stangensellerie sowie die getrockneten Kräuter darin andünsten.
2. Alles mit der Gemüsebrühe, dem Tomatenmark und den weißen Bohnen ablöschen und für 10 Minuten bei schwacher Hitze köcheln lassen.
3. Geben Sie nun den gewürfelten Butternut-Kürbis hinzu und lassen Sie alles für weitere 10 bis 15 Minuten lang köcheln.
4. Nun noch den Grünkohl in den Topf mit hineingeben und ca. 8 Minuten weiterköcheln.
5. Zu guter Letzt den gewürfelten Tofu sowie die frisch gehackte Petersilie einrühren. Alles nochmals aufkochen lassen, dann auf Tellern anrichten und genießen.

95. Grünkern-Kartoffel One-Pot

Kalorien: 355 kcal | Fett: 8 g | Kohlenhydrate: 59 g | Eiweiß: 11 g

Zubereitungszeit: **15 min**
Portionen: **2**
Schwierigkeit: **leicht**

Zutaten:

- 1 kleine Küchenzwiebel
- 350 g Kartoffeln, festkochend
- 150 g Bio-Möhren
- 1 EL natives Olivenöl
- 600 ml Gemüsebrühe
- ½ Lauchstange
- 4 Stängel Petersilie, frisch
- Salz, Pfeffer
- 130 g Grünkern

Zubereitung:

1. Schälen Sie die Küchenzwiebel, die Kartoffeln und die Möhren. Hacken Sie nun die Zwiebel fein und schneiden Sie die Kartoffeln sowie die Möhren in ca. 2-cm-große Stücke.
2. Erhitzen Sie nun in einem Topf das Olivenöl. Darin die Zwiebel, die Möhren und die Kartoffeln andünsten. Nach ungefähr 3-5 Minuten den Grünkern hinzugeben und alles mit der Gemüsebrühe ablöschen. Lassen Sie den Eintopf bei mittlerer Hitzezufuhr ungefähr eine halbe Stunde lang köcheln, bis das Gemüse und auch der Grünkern schön weich sind. Rühren Sie dabei gelegentlich immer mal wieder um.
3. Putzen Sie nun den Lauch, waschen Sie ihn gründlich und schneiden Sie ihn in 1-cm-breite Ringe. Nach ungefähr 20 Minuten in den Eintopf mithineingeben und mitgaren.
4. Würzen Sie zum Schluss noch nach Ihren Wünschen mit Pfeffer und Salz.
5. Brausen Sie die Petersilienstängel ab, schütteln Sie diese trocken, zupfen Sie die Blättchen und hacken Sie sie grob.
6. Streuen Sie die gehackte Petersilie kurz vor dem Servieren über Ihr Gericht.

96. Kitchari – der würzige Klassiker der Ayurveda-Küche

Kalorien: 485 kcal | Fett: 19 g | Kohlenhydrate: 52 g | Eiweiß: 22 g

Zubereitungszeit: **30 min**
Portionen: **2**
Schwierigkeit: **leicht**

Zutaten:

- 90 g Quinoa, weiß
- 1 Ingwerstück – 2 cm
- 2 EL Kokosöl
- 80 g gelbe Linsen
- ½ TL Kümmel
- 1 TL Kurkumapulver
- 400 ml Gemüsebrühe
- 1 Bio-Möhre
- 350 g Brokkoli
- ½ Bio-Zitrone
- 1 TL gemahlener Koriander

Zubereitung:

1. Geben Sie die Quinoa in ein Sieb, gut abbrausen und abtropfen lassen. Den Ingwer schälen und fein hacken.
2. Erhitzen Sie in einem Topf das Kokosöl und braten Sie darin 3-4 Minuten die Quinoa, die gelben Linsen, den Ingwer sowie den Kümmel an. Dabei kräftig umrühren. Geben Sie nun das Kurkumapulver hinzu und löschen Sie alles mit der Gemüsebrühe ab. Bei mittlerer Hitzezufuhr eine Viertelstunde köcheln lassen. Rühren Sie zwischendurch aber immer wieder mal um.
3. Schälen Sie die Möhre und würfeln Sie sie klein. Auch den Brokkoli putzen, waschen und in Röschen teilen. Geben Sie das Gemüse nun für 10 Minuten in einen Dampfgarer oder dünsten Sie es in einem Topf mit ganz wenig Wasser!
4. Pressen Sie nun den Saft der Zitrone aus und geben Sie es zur Linsen-Quinoa-Mischung hinzu.
5. Den gemahlenen Koriander sowie den gegarten Brokkoli und die Möhre untermischen.

97. Eisige Champignonsuppe

Kalorien: 190 kcal | Fett: 11 g | Kohlenhydrate: 12 g | Eiweiß: 9 g

Zubereitungszeit: 20 min
Portionen: 2
Schwierigkeit: leicht

Zutaten:

- 250 g braune Champignons
- 1 Schalotte
- 50 g Cashew-Mus
- 4 Thymianzweige, frisch
- 1 Knoblauchzehe
- Meersalz, Pfeffer

Zubereitung:

1. Putzen Sie zunächst die Champignons.
2. Schälen Sie dann die Schalotte und die Knoblauchzehe. Beides grob würfeln.
3. Geben Sie nun alles zusammen mit dem Cashew-Mus sowie 500 ml Wasser in einen Hochleistungsmixer und verarbeiten Sie alles zu einer cremigen Suppe.
4. Schmecken Sie nun noch nach Ihren Wünschen mit Meersalz und Pfeffer ab.
5. Verteilen Sie die kalte Pilzsuppe auf zwei Schüsselchen.
6. Waschen Sie zum Schluss noch den Thymian und zupfen Sie die Blättchen von den Zweigen ab. Hacken Sie diese schön fein und garnieren Sie damit die Pilzsuppe.

98. Spargelsuppe mit aromatischem Kerbel

Kalorien: 470 kcal | Fett: 40 g | Kohlenhydrate: 11 g | Eiweiß: 8 g

---

Zubereitungszeit: 20 min
Portionen: 2
Schwierigkeit: leicht

Zutaten:

- 500 g Spargel, weiß
- 2 EL natives Olivenöl
- 750 ml Gemüsebrühe
- 1 Bund frischer Kerbel
- 200 g Sahne
- Meersalz, Pfeffer
- Prise Muskatnusspulver
- 2 TL Saft einer Bio-Zitrone

Zubereitung:

1. Schälen Sie den Spargel und schneiden Sie die holzigen Enden ab. Anschließend in kleine Stückchen schneiden.
2. Erhitzen Sie nun in einem Topf das Olivenöl und dünsten Sie darin die Spargelstücke 3-4 Minuten lang an.
3. Anschließend mit der Gemüsebrühe ablöschen und bei moderater Hitzezufuhr 10 Minuten lang weiterköcheln, bis der Spargel schön weich ist.
4. Waschen Sie zwischenzeitlich den frischen Kerbel, schütteln Sie ihn trocken und hacken Sie die Blättchen schön fein. Sie können einen Teil der gehackten Blättchen für die spätere Verzierung auf die Seite stellen. Die restlichen Blättchen mit der Sahne sowie dem Saft der Zitrone zum Spargel in den Topf hinzugeben.
5. Pürieren Sie nun mit dem Stabmixer die Suppe schön cremig und fein.
6. Schmecken Sie zum Schluss noch alles nach Ihren Wünschen mit Muskatnusspulver, einer Prise Salz und Pfeffer ab.
7. Verteilen Sie die Spargelsuppe auf Schüsseln und garnieren Sie noch mit dem frischen Kerbel.

99. Kalte Gurken-Avocado-Suppe

Kalorien: 380 kcal | Fett: 25 g | Kohlenhydrate: 10 g | Eiweiß: 12 g

Zubereitungszeit: **25 min**
Portionen: **2**
Schwierigkeit: **leicht**

Zutaten:

- 1 Bio-Salatgurke
- ½ Avocado
- 50 g Cashew-Mus
- 1 EL Saft einer Bio-Zitrone
- 1 EL Olivenöl
- Salz, Pfeffer
- 2 EL Sonnenblumenkerne
- 4 EL frische Kresse

Zubereitung:

1. Waschen Sie die Salatgurke gründlich und würfeln Sie sie grob.
2. Dann die Avocado schälen, in zwei Hälften und den Stein entfernen. Schneiden Sie eine Hälfte in grobe Würfel.
3. Geben Sie nun beides zusammen mit dem Cashew-Mus, dem Saft der Zitrone, dem Olivenöl und 500 ml Wasser in einen Hochleistungsmixer. Mit Salz und Pfeffer nach Belieben abschmecken.
4. Verteilen Sie die Suppe auf zwei Schüsselchen und garnieren Sie mit den Sonnenblumenkernen sowie der frischen Kresse.

Tipp: Wenn Sie möchten, können Sie die Sonnenblumenkerne auch ein wenig anrösten: Geben Sie sie hierfür für ca. 3 Minuten komplett fettfrei in eine Pfanne.

100. Lauch-Kartoffel-Suppe

Kalorien: 320 kcal | Fett: 16 g | Kohlenhydrate: 29 g | Eiweiß: 8 g

Zubereitungszeit: 20 min
Portionen: 4
Schwierigkeit: leicht

Zutaten:

- 1 Stange Lauch
- 600 ml Gemüsebrühe
- 500 g Kartoffeln, festkochend
- 2 EL Rapsöl
- 1 Dose Mais
- 100 g Schlagsahne
- Pfeffer, Salz
- Prise Muskatnusspulver

Zubereitung:

1. Schälen, waschen und raspeln Sie zuerst die Kartoffeln. Waschen und schneiden Sie danach ebenfalls den Lauch klein. Trennen Sie die weißen und grüne Ringe voneinander und geben sie in unterschiedliche Schüsseln. Gießen Sie den Mais ab und stellen ihn zur Seite.
2. Erhitzen Sie nun Öl in einer Pfanne und dünsten die weißen Lauchringe und die Kartoffeln gut an. Geben Sie den Mais hinzu und lassen alles nochmals aufkochen. Löschen Sie anschließend alles mit der Gemüsebrühe sowie der Sahne ab und würzen Sie mit Muskatnuss, Pfeffer und Salz. Die Suppe für weitere 10 Minuten zugedeckt köcheln lassen.
3. Nehmen Sie die Suppe von der Kochstelle und pürieren Sie diese mit dem Stabmixer schön fein. Geben Sie alles in Suppenschälchen und garnieren Sie die Kartoffel-Lauch-Suppe mit den noch übrigen grünen Zwiebeln.

101. Ingwer-Kokos Suppe

Kalorien: 385 kcal | Fett: 35 g | Kohlenhydrate: 21 g | Eiweiß: 11 g

Zubereitungszeit: 25 min
Portionen: 4
Schwierigkeit: leicht

Zutaten:

- 600 g Hokkaido-Kürbis
- 400 ml Kokosmilch
- 200 g Bio-Möhren
- 2 EL natives Olivenöl
- 1 große Küchenzwiebel
- 600 ml Gemüsebrühe
- 1 Ingwerstück – 2 cm
- ½ TL Kreuzkümmel
- Pfeffer, Salz
- 100 g geröstete Kürbiskerne

Zubereitung:

1. Den Kürbis halbieren, die Kerne mit einem Löffel entfernen und das innere Fruchtfleisch klein schneiden.
2. Schälen Sie nun die Möhren, waschen Sie diese und schneiden Sie sie in Scheiben. Auch die Küchenzwiebel schälen und fein hacken. Nun noch den Ingwer schälen und reiben.
3. Geben Sie jetzt das Olivenöl in einen Topf und dünsten Sie darin die Zwiebel glasig an. Dann den Kürbis, den Ingwer und die Möhren hinzugeben. Gießen Sie nun die Gemüsebrühe hinzu und kochen Sie die Suppe bei geringer Hitzezufuhr 15 bis 20 Minuten lang.
4. Pürieren Sie nun die Suppe mit einem Stabmixer und rühren Sie die Kokosmilch ein. Zum Schluss noch nach eigenem Geschmack mit Kreuzkümmel, Pfeffer und Salz würzen.
5. Richten Sie die Suppe in tiefen Tellern an und bestreuen Sie sie mit den gerösteten Kürbiskernen.

Tipp: Hokkaido-Kürbis können Sie mitsamt der Schale essen, waschen Sie diese aber bitte gründlich.

102. Asia-Suppe

Kalorien: 400 kcal | Fett: 26 g | Kohlenhydrate: 14 g | Eiweiß: 15 g

Zubereitungszeit: **20 min**
Portionen: **2**
Schwierigkeit: **leicht**

Zutaten:

- 600 ml Gemüsebrühe
- 2 Brokkoli
- 1 Chinakohl
- 200 ml Kokosmilch
- 2 EL gehackte Petersilie
- 3 EL frischer Koriander, gehackt

Zubereitung:

1. Zerteilen Sie den Brokkoli in Röschen. Waschen Sie ihn gründlich und schneiden Sie die Röschen anschließend schön klein. Auch den Chinakohl waschen und in dünne Streifen schneiden.
2. Garen Sie den Brokkoli und die Chinakohl-Streifen in der Gemüsebrühe schön weich.
3. Geben Sie dann die Kokosmilch in den Suppentopf hinzu und kochen Sie alles 10 Minuten lang weiter.
4. Mit der frischen Petersilie und dem frischen Koriander garnieren und servieren.

103. Topinambur-Sellerie Suppe mit Ingwer Note

Kalorien: 191 kcal | Fett: 8 g | Kohlenhydrate: 16 g | Eiweiß: 16 g

Zubereitungszeit: 15 min
Portionen: 2
Schwierigkeit: leicht

Zutaten:

- 200 g Knollensellerie
- 400 g Topinambur
- 200 g Lauch
- 1 Ingwerstück - 2 cm
- 400 ml Sojadrink, ungesüßt
- 800 ml Gemüsebrühe
- Salz, Pfeffer

Zubereitung:

1. Schälen Sie den Knollensellerie und schneiden Sie ihn mit der Topinambur in kleine Stücke.
2. Den Lauch putzen, waschen und in feine Streifen schneiden.
3. Den Ingwer schälen und fein hacken.
4. Bringen Sie nun die Gemüsebrühe zum Kochen.
5. Sellerie und Topinambur hineingeben und 7 Min. köcheln lassen.
6. Den Ingwer und den Lauch untermischen und die Suppe weitere 5 Min. köcheln.
7. Geben Sie nun den Sojadrink hinein und kochen Sie die Suppe zugedeckt noch 2 Minuten lang.
8. Pürieren Sie die Suppe mit dem Stabmixer nun fein durch und schmecken Sie sie mit Pfeffer und Meersalz ab.

104. Karotten-Kurkuma Suppe – ein Hauch Orient

Kalorien: 197 kcal | Fett: 8 g | Kohlenhydrate: 17 g | Eiweiß: 4 g

Zubereitungszeit: **15 min**
Portionen: **2**
Schwierigkeit: **leicht**

Zutaten:

- 4 große Bio-Karotten
- 1 Küchenzwiebel, rot
- 2 EL natives Olivenöl
- 100 ml Orangensaft
- Pfeffer, Salz
- 2 TL Kurkumapulver
- 4 EL frisch gehackte Petersilie

Zubereitung:

1. Zunächst die Karotten schälen, waschen und in Scheiben schneiden. Dann die Küchenzwiebel schälen und fein würfeln.
2. Erhitzen Sie nun in einem Topf das Olivenöl und dünsten Sie darin die Zwiebeln glasig an.
3. Geben Sie anschließend die Karotten hinzu und lassen Sie sie einige Minuten mitdünsten.
4. Löschen Sie dann alles mit 500 ml Wasser ab und würze nach Ihrem Geschmack mit Pfeffer und Meersalz.
5. Geben Sie nun das Kurkumapulver hinzu, reduzieren Sie die Hitzezufuhr und lassen Sie die Suppe eine halbe Stunde lang köcheln.
6. Nehmen Sie die Suppe dann von der Herdplatte und pürieren Sie sie mit dem Stabmixer schön cremig.
7. Geben Sie dann noch den Orangensaft hinzu und streuen Sie als Garnitur die frisch gehackte Petersilie darüber.

105. Fenchel-Möhren Suppe

Kalorien: 152 kcal | Fett: 13 g | Kohlenhydrate: 9 g | Eiweiß: 3 g

Zubereitungszeit: **15 min**
Portionen: **2**
Schwierigkeit: **leicht**

Zutaten:

- 2 Bio-Möhren
- 1 Fenchelknolle
- 1 Küchenzwiebel
- 2 EL natives Olivenöl
- 750 ml Gemüsebrühe
- 3 Stängel Petersilie, frisch
- 1 TL Koriander, gemahlen
- Meersalz, Pfeffer

Zubereitung:

1. Die Möhren schälen und grob würfeln. Nun die Fenchelknolle putzen, waschen und fein würfeln. Auch die Küchenzwiebel schälen und klein würfeln.
2. Erhitzen Sie dann das Olivenöl in einem Topf und dünsten Sie darin die Zwiebel 1 bis 2 Minuten glasig an.
3. Dann den Fenchel und die Karottenwürfel hinzugeben und bei großer Hitzezufuhr 3 Minuten lang anbraten.
4. Löschen Sie nun alles mit der Gemüsebrühe ab und lassen Sie die Suppe zugedeckt 10 Minuten lang köcheln. Rühren Sie zwischendurch immer wieder mal um.
5. Pürieren Sie nun mit einem Pürierstab die Suppe schön fein und schmecken Sie mit dem Koriander, einer Prise Pfeffer und Meersalz ab.
6. Wasche nun die Petersilie, schüttele sie trocken und zupfe die Blättchen von den Stängeln.
7. Richte die Suppe in Schüsselchen an und garniere sie mit der frischen Petersilie.

Snacks – feine Köstlichkeiten

Vegetarische Snacks sind wunderbare fleischfreie Mahlzeiten für zwischendurch. Sie können Gemüse, Getreide und auch Früchte genießen, wenn sich der kleine Hunger zwischendurch meldet, ganz egal ob im Büro, am Nachmittag, unterwegs oder auf der nächsten Party.

Limo, Gummibärchen, Schokolade & Co. sind eher ungesunde Snacks, die das Tief kurzzeitig überbrücken, doch für einen rasanten Anstieg des Blutzuckerspiegels sorgen. Daraufhin schüttet die Bauchspeicheldrüse Insulin aus, wodurch es zu einem rapiden Abfall kommt. Die Folge sind unerwünschte Heißhungerattacken.

Die vegetarische Ernährung bietet Ihnen hier ein breitgefächertes Spektrum für gesunde und bewusste Snacks, die köstlich sind und zudem für eine wohltuende Sättigung sorgen.

Entdecken Sie kleine Mahlzeiten und echte vegetarische Leckereien. Ganz egal ob herzhaft oder eher süß: Die Veggie-Küche lässt keine Wünsche offen! Überzeugen Sie sich selbst.

106. Gemüse-Küchlein mit Frischkäse-Dip

Kalorien: 308 kcal | Fett: 27 g | Kohlenhydrate: 4 g | Eiweiß: 8 g

Zubereitungszeit: **30 min**
Portionen: **8**
Schwierigkeit: **leicht**

Zutaten:

- Kräutersalz, Pfeffer, Paprikapulver
- 16 Kirschtomaten
- 400 g Doppelrahm-Frischkäse
- 4 Mini Paprikaschoten
- ½ Bund gehackter Dill
- 2 Avocados
- 1 Bund gehackte Petersilie
- Saft ½ Bio-Zitrone
- 1 Staudensellerie

Zubereitung:

1. Waschen Sie zuerst die Tomaten und schneiden den Deckel ab. Anschließend mit einem Teelöffel vorsichtig aushöhlen.
2. Die Paprikaschoten waschen, halbieren, entkernen und die weiße Haut entfernen. Die Avocado halbieren, den Kern entfernen und in Spalten schneiden. Entfernen Sie auch die Schale der Avocado.
3. Geben Sie die Avocado-Spalten nun auf einen Teller und träufeln den Zitronensaft darüber. Den Staudensellerie waschen und klein schneiden.
4. Vermengen Sie nun die Hälfte des Frischkäses mit Paprikapulver, Pfeffer und Salz. Die übrige Hälfte mit den gehackten Kräutern wie Dill und Petersilie vermengen. Je nach Geschmack noch mit etwas Pfeffer und Salz würzen. Füllen Sie beide Frischkäse-Cremes nun in zwei separate Spritzbeutel.
5. Legen Sie das Gemüse nun auf eine Servierplatte oder Teller. Die Frischkäse-Füllungen nun in das Gemüse hineinspritzen und mit etwas Paprikapulver bestreuen.
6. Guten Appetit!

107. Party-Spieße

Kalorien: 117 kcal | Fett: 8 g | Kohlenhydrate: 2 g | Eiweiß: 8 g

Zubereitungszeit: **25 min**
Portionen: **12**
Schwierigkeit: **leicht**

Zutaten:

- Schwarzer Pfeffer, Kräutersalz
- 1 Glas Feta-Käsewürfel in Öl
- 2 Zucchini
- 2 EL Öl (von den Feta-Würfeln)
- 24 Kirschtomaten
- 24 Champignons
- 12 Holzspieße
- Etwas Rapsöl

Zubereitung:

1. Lassen Sie die Feta-Würfel zuerst in einem Sieb abtropfen. Fangen Sie dabei etwa 2 EL Öl auf.
2. Die Tomaten waschen, die Stiele entfernen. Die Pilze putzen und den Stiel entfernen.
3. Die Zucchini waschen, die Enden entfernen und mit einem Schäler in Scheiben schneiden.
4. Umwickeln Sie die Feta-Würfel nun mit 1 Zucchini-Scheibe. Geben Sie je 2 Tomaten, 3 Pilze und 3 Zucchini-Käsepäckchen auf einen Holzspieß. Das aufgefangen Öl nun zum Bestreichen der Spieße verwenden.
5. Heizen Sie den Backofengrill auf 240 Grad vor. Etwas Öl auf das Backblech geben und die Spiele mit etwas Pfeffer und Salz würzen. Auf das Backblech legen und für 8 Minuten im Backofen grillen. Zwischendurch die Spieße immer wieder wenden und falls nötig mit zusätzlichem Öl bestreichen.
6. Danach die Spieße aus dem Ofen herausnehmen und servieren.

108. Frisches Spinat-Ei im Glas

Kalorien: 258 kcal | Fett: 16 g | Kohlenhydrate: 9 g | Eiweiß: 3 g

Zubereitungszeit: **35 min**
Portionen: **4**
Schwierigkeit: **leicht**

Zutaten:

- 2 EL Kresse
- 2 rote Zwiebeln
- 3 EL mittelscharfer Senf
- 1 mehligkochende Kartoffel
- 100 g Kochsahne
- 1 EL Butter
- 1 EL Rapsöl
- Muskatnuss, Pfeffer, Kräutersalz
- 150 ml Gemüsebrühe
- 4 frische Bio-Eier
- 75 ml Weißweinessig
- 1 Knoblauchzehe
- 600 g Blattspinat

Zubereitung:

1. Schälen Sie zuerst die Zwiebel und schneiden sie klein. Die Kartoffel schälen und ebenfalls klein schneiden. Geben Sie nun in einen Topf die Butter und dünsten darin 1 Zwiebel an. Die Kartoffel hinzugeben und 2 Minuten mitandünsten. Geben Sie die Brühe hinzu und lassen alles zugedeckt 10 Minuten köcheln.
2. In der Zwischenzeit 1,5 l Salzwasser zum Kochen bringen. Den Essig hinzugeben und mit einem Kochlöffel solange umrühren, bis ein Strudel entsteht. Die Eier nun nacheinander aufschlagen und ins Wasser gleiten lassen. Für 6 Minuten pochieren, anschließend herausnehmen und warm stellen.
3. Schälen Sie den Knoblauch und schneiden ihn in Würfel. Den Spinat waschen. Den Knoblauch und die übrige Zwiebel in einer Pfanne mit dem Rapsöl andünsten. Den Spinat hinzugeben und mit Muskat, Pfeffer und Salz würzen.
4. Pürieren Sie nun den Zwiebel-Kartoffel-Mix fein. Geben Sie die Sahne hinzu und rühren den Senf unter. Würzen Sie nun nach Belieben mit Pfeffer und Kräutersalz.
5. Verteilen Sie zum Schluss den Spinat auf 4 Gläser und geben je 1 Ei und die Senf-Sahne-Sauce hinein. Die Kresse als Garnitur darüber geben und servieren.

109. Leichtes Kohlrabi-Carpaccio

Kalorien: 328 kcal | Fett: 24 g | Kohlenhydrate: 18 g | Eiweiß: 5 g

Zubereitungszeit: 20 min
Portionen: 4
Schwierigkeit: leicht

Zutaten:

- 100 g Schafsmolkenkäse
- 600 g Kohlrabi, inklusive Grün
- 1 EL eingelegte grüne Pfefferkörner
- 400 g Erdbeeren
- Pfeffer, Meersalz
- 4 EL Olivenöl
- 1 Kopfsalat
- 1 EL Senf
- 2 EL flüssiger Bio-Waldhonig
- 3 EL Balsamico Essig

Zubereitung:

1. Zuerst das Grün der Kohlrabi entfernen. Eine Handvoll Blätter waschen und klein schneiden. Die Kohlrabis schälen und in dünne Scheiben hobeln.
2. Waschen Sie die Erdbeeren und schneiden sie in Scheiben. Den Salat waschen und zusammen mit den Erdbeeren und den Kohlrabis auf einem Teller anrichten.
3. Für das Dressing nun den Honig mit Senf, Olivenöl, Essig, Pfeffer und Meersalz vermengen. Geben Sie noch 3 EL Wasser hinzu und verrühren alles.
4. Träufeln Sie das Dressing nun auf den Salat. Das Kohlrabi-Grün und die eingelegten Pfefferkörner als Garnitur darüber verteilen und servieren.

110. Sommerliches Spargel-Ragout mit fruchtiger Note

Kalorien: 175 kcal | Fett: 6 g | Kohlenhydrate: 24 g | Eiweiß: 3 g

Zubereitungszeit: **35 min**
Portionen: **4**
Schwierigkeit: **leicht**

Zutaten:

- 250 g Erdbeeren
- 500 g Rhabarber
- 1 EL Olivenöl
- 400 g grüner Spargel
- 1 EL Walnussöl
- 3 EL Zucker
- 3 EL Balsamico Essig
- 2 EL Zitronensaft
- 4 EL Vanillezucker

Zubereitung:

1. Den Rhabarber schälen und in Stücke schneiden. Den Spargel waschen und im unteren Bereich schälen. Anschießend die holzigen Enden entfernen und den Spargel klein schneiden.
2. Geben Sie die Hälfte des Rhabarbers mit dem Spargel in eine Pfanne. Mit dem Olivenöl unter stetigem Rühren andünsten. De Zucker darüber geben und karamellisieren lassen. Mit dem Zitronensaft ablöschen.
3. Geben Sie noch die übrigen Rhabarber-Stücke hinzu und lassen alles für 10 Minuten bei geringer Hitzezufuhr köcheln.
4. Vermengen Sie in der Zwischenzeit den Vanillezucker mit dem Walnussöl und dem Essig. Geben Sie das Dressing über die Rhabarber-Spargel-Pfanne und lassen alles 10 Minuten ziehen.
5. In der Zwischenzeit die Erdbeeren waschen und klein schneiden. Unter das Ragout mengen und alles servieren.

111. Feta-Auberginen

Kalorien: 340 kcal | Fett: 20 g | Kohlenhydrate: 25 g | Eiweiß: 13 g

Zubereitungszeit: **25 min**
Portionen: **4**
Schwierigkeit: **leicht**

Zutaten:

- 2 EL Olivenöl
- 20 Holzspieße
- Pfeffer, Salz
- 2 Auberginen
- 200 g Feta
- 5 Minze-Stiele
- 200 g Pflaumen
- 5 getrocknete Tomaten, in Öl
- 30 g Ingwer, kandiert

Zubereitung:

1. Legen Sie zuerst die Holzspieße in Wasser.
2. Waschen Sie die Auberginen und schneiden länge in 20 dünne Streifen.
3. Waschen Sie die Minze und hacken sie klein. Die Pflaumen waschen, den Kern entfernen und klein hacken. Die getrockneten Tomaten und den Feta ebenfalls klein hacken und mit der Pflaumen-Minze-Mischung vermengen. Nach Belieben mit Pfeffer und Salz würzen.
4. Die Auberginen-Streifen mit dem Olivenöl bepinseln. Die Pflaumen-Minze-Mischung auf die Auberginen-Streifen streichen und einrollen. Mit den Holzspießen fixieren und für 15 Minuten grillen.
5. Anschließend vom Grill nehmen und servieren.

112. Rosenkohl-Küchlein

Kalorien: 387 kcal | Fett: 22 g | Kohlenhydrate: 19 g | Eiweiß: 13 g

Zubereitungszeit: **30 min**
Portionen: **4**
Schwierigkeit: **leicht**

Zutaten:

- 40 g Pinienkerne
- 4 Blätter Filoteig
- 400 g Rosenkohl
- 2 EL Olivenöl
- Pfeffer, Meersalz
- 80 g Gorgonzola
- 1 Msp. Muskatnuss

Zubereitung:

1. Nehmen Sie zuerst den Filoteig aus dem Kühlschrank.
2. Den Rosenkohl waschen und in etwas kochendem Salzwasser 10 Minuten lang blanchieren. Anschließend abgießen und mit Pfeffer und Muskatnuss würzen.
3. Den Käse zerbröseln und mit dem Rosenkohl vermengen.
4. Schneiden Sie aus dem Teig nun je 4 Quadrate. Legen Sie je 2 Teigstücke versetzt übereinander. Das Olivenöl mit etwas Wasser vermengen und den Teig damit einpinseln. Den Rosenkohl auf den Teig legen und mit den Pinienkernen bestreuen.
5. Schlagen Sie die Teigblätter nun etwas übereinander und backen die Küchlein bei 180 Grad für 20 Minuten.
6. Zum Schluss aus dem Backofen nehmen und genießen.

113. Pflaumen-Nuss-Riegel

Kalorien: 71 kcal | Fett: 3 g | Kohlenhydrate: 7 g | Eiweiß: 1 g

Zubereitungszeit: **10 min**
Portionen: **40 Stück**
Schwierigkeit: **leicht**

Zutaten:

- ½ TL Thymian
- 200 g Ahornsirup
- 30 g Agavendicksaft
- ½ TL Salz
- 50 g Kokosfett
- 50 g gepuffter Amarant
- 50 g gesalzene Pistazien
- 50 g Kürbiskerne
- 50 g Sonnenblumenkerne
- 3 EL kernige Haferflocken
- 100 g getrocknete Pflaumen

Zubereitung:

1. Geben Sie zuerst den Agavendicksaft zusammen mit dem Ahornsirup und dem Kokosfett in einen Topf. Die Masse erhitzen und für 10 Minuten köcheln lassen.
2. Nun die Pistazien, Kürbiskerne und Pflaumen klein hacken. Geben Sie noch die Haferflocken, den Thymian, den Amarant und Salz hinzu und vermischen alles gründlich.
3. Nehmen Sie die köchelnde Agaven-Ahornsirup-Masse von der Kochstelle und mengen sie unter die Nuss-Mischungen. Alles miteinander verrühren und auf einem mit Backpapier ausgelegten Backblech verteilen. Frischhaltefolie darüberlegen und zu einem Brett flach drücken.
4. Beschweren Sie das „Brett“ nun mit einem schweren Buch oder anderen Gegenstand und lassen es über Nacht stehen. Am nächsten morgen können Sie aus der Masse Riegel schneiden.

114. Griechische Champignons

Kalorien: 129 kcal | Fett: 7 g | Kohlenhydrate: 7 g | Eiweiß: 5 g

Zubereitungszeit: 20 min
Portionen: 4
Schwierigkeit: leicht

Zutaten:

- Meersalz, Pfeffer
- 400 g Champignons
- Etwas Limettensaft
- Etwas Olivenöl
- 1 Bund Koriander
- 2 Petersilien-Stiele

Zubereitung:

1. Putzen Sie in einem ersten Schritt die Champignons. Schneiden Sie die Stiele ab. Den Knoblauch schälen und klein hacken. Wasche Sie die Petersilie und den Koriander und hacken beides klein.
2. Erhitzen Sie in einer Pfanne Olivenöl. Hierbei ist es wichtig, dass der komplette Pfannen-Boden bedeckt ist.
3. Dünsten Sie die Pilze nun in der Pfanne an. Geben Sie den Knoblauch und etwas Limettensaft hinzu. Würzen Sie mit Pfeffer und Salz nach Ihrem Geschmack und lassen die Pilze solange in der Pfanne, bis sie goldbraun sind.
4. Mischen Sie die Petersilie und den Koriander unter und servieren die griechischen Pilze.

115. Gegrillter Schafskäse mit gerösteten Nüssen

Kalorien: 771 kcal | Fett: 60 g | Kohlenhydrate: 18 g | Eiweiß: 32 g

Zubereitungszeit: **10 min**
Portionen: **2**
Schwierigkeit: **leicht**

Zutaten:

- 300 g Schafskäse
- 75 g Nuss-Mischung
- 3 EL flüssiger Bio-Waldhonig

Zubereitung:

1. In einem ersten Schritt den Schafskäse abtupfen und in zwei Hälften schneiden. Legen Sie den Schafskäse auf ein mit Backpapier ausgelegtes Backblech.
2. Bestreichen Sie die Schafskäse-Scheiben mit dem Honig und geben alles bei 230 Grad 5 Minuten in den Backofengrill.
3. Die Nüsse klein hacken und auf dem gegrillten Schafskäse verteilen.
4. Alles auf Tellern anrichten und mit einem frischen Salat beispielsweise servieren

116. Gemüsechips mit Frucht-Chutney

Kalorien: 625 kcal | Fett: 32 g | Kohlenhydrate: 84 g | Eiweiß: 4 g

Zubereitungszeit: **30 min**
Portionen: **2**
Schwierigkeit: **leicht**

Zutaten:

- 600 ml Frittieröl
- 3 Birnen
- 3 Pastinaken
- 3 Schalotten
- 50 ml Weißweinessig
- 1 EL Olivenöl
- 25 g gemahlener Ingwer
- 300 ml Apfelsaft
- ½ Peperoni
- 1 TL Currypulver
- 1 Zimtstange
- 1 Lorbeerblatt
- 1 Sternanis
- 2 EL Rohrzucker
- Etwas Meersalz

Zubereitung:

1. Beginnen Sie damit, die Birnen zu waschen, die Kerne zu entfernen und klein zu schneiden. Die Schalotten schälen und in Würfel schneiden. Die Peperoni waschen, entkernen und klein schneiden.
2. Geben Sie die Schalotten, die Birnenstücke, die Peperoni-Ringe, die Zimtstange, das Lorbeerblatt, den Ingwer, Zucker, Currypulver, Salz, Olivenöl, Essig und Apfelsaft in einen Topf. Alles für 15 Minuten köcheln lassen, bis die Flüssigkeit fast komplett verkocht ist.
3. Schälen Sie in der Zwischenzeit die Pastinaken und schneiden sie in dünne Scheiben. Erhitzen Sie das Frittieröl in einem Topf auf 165 Grad und frittieren die Pastinaken darin.
4. Lassen Sie die Chips nun etwas abtropfen und würzen sie mit Salz.
5. Servieren Sie das Birnen-Chutney nun zu den Gemüsechips.

117. Sweet-Popcorn

Kalorien: 151 kcal | Fett: 7 g | Kohlenhydrate: 19 g | Eiweiß: 103 g

Zubereitungszeit: 30 min
Portionen: 8
Schwierigkeit: leicht

Zutaten:

- 1 TL Butter
- 3 EL Rapsöl
- 40 ml Wasser
- 100 g Rohrzucker
- 75 g Popcorn-Mais

Zubereitung:

1. Erhitzen Sie in einem Topf zuerst das Öl und den Popcorn-Mais. Reduzieren Sie die Hitzezufuhr etwas und geben den Deckel darüber. Sobald das Popcorn aufgehört hat zu poppen, können Sie es von der Kochstelle nehmen.
2. In der Zwischenzeit das Wasser mit dem Zucker in einem Topf schmelzen. Den Topf von der Kochstelle nehmen und die Butter hinzugeben.
3. Geben Sie das Karamell nun über das Popcorn und verteilen alles auf einem Backblech mit Backpapier. Das Popcorn hier ein paar Minuten auskühlen lassen und anschließend etwas zerkleinern.
4. In eine Schüssel füllen und snacken.

118. Würzige-Cashewkerne

Kalorien: 350 kcal | Fett: 26 g | Kohlenhydrate: 16 g | Eiweiß: 8 g

Zubereitungszeit: **5 min**
Portionen: **2**
Schwierigkeit: **leicht**

Zutaten:

- ½ TL Chilipulver
- 100 g Cashewkerne
- 1 TL Paprikapulver, edelsüß
- 1 El Olivenöl
- Etwas Meersalz

Zubereitung:

1. Vermengen Sie in einer Schüssel die Cashewkerne mit dem Paprikapulver, dem Chilipulver und dem Olivenöl. Mit etwas Salz würzen und vermischen.
2. Legen Sie die Nüsse nun auf ein mit Backpapier ausgelegtes Backblech.
3. Im Ofen nun für 5 Minuten bei 175 Grad backen.
4. Einmal kurz wenden und nochmals 5 Minuten backen. Anschließend herausnehmen, auskühlen lassen und servieren.

119. Gefüllte-Frischkäse-Gurken

Kalorien: 145 kcal | Fett: 11 g | Kohlenhydrate: 6 g | Eiweiß: 3 g

Zubereitungszeit: **10 min**
Portionen: **2**
Schwierigkeit: **leicht**

Zutaten:

- 4 EL Granatapfelkerne
- ½ Bio-Salatgurke
- 80 g Frischkäse
- Pfeffer

Zubereitung:

1. Waschen Sie zuerst die Gurken und schneiden Sie in 1 cm dicke Scheiben. Streichen Sie den Frischkäse auf eine Seite.
2. Die Granatapfelkerne nun darüber verteilen und mit Pfeffer würzen.
3. Guten Appetit!

120. Gefüllte Snack-Datteln

Kalorien: 160 kcal | Fett: 10 g | Kohlenhydrate: 13 g | Eiweiß: 3 g

Zubereitungszeit: **5 min**
Portionen: **2**
Schwierigkeit: **leicht**

Zutaten:

- 2 TL weißes Mandelmus
- 4 Medjool-Datteln
- 4 Walnusskernhälften

Zubereitung:

1. Schneiden Sie die Datteln zuerst der Länge nach ein. Entfernen Sie den Kern.
2. Verrühren Sie das Mandelmus kurz, damit es eine cremigere Konsistenz bekommt.
3. Füllen Sie nun jede Dattel mit etwas Mandelmus und drücken je 1 Walnusskernhälfte hinein.
4. Stellen Sie die Datteln bis zum Servieren kühl.

Aufstriche & Dips

Dips und Aufstriche sind ein perfekter Begleiter für viele Speisen in der vegetarischen Küche. Sie können damit diverse Häppchen verfeinern, aber auch Rohkost-Gemüse raffiniert und geschmackvoll in den Fokus rücken. Des Weiteren können Sie Aufstriche im Rahmen der vegetarischen Ernährung auf Brot oder ofenfrischem Baguette genießen.

So müssen Sie nicht immer zum klassischen Käse-Belag greifen. Gesunde Nüsse, Frischkäse, Hülsenfrüchte, aber auch zahlreiche Gemüsesorten lassen sich zu vielseitigen und sehr köstlichen Aufstrichen und Dips zubereiten. Vom Snack-Teller über den Party-Dip bis hin zum Lieblingstopping für Ihr Abendbrot sind Ihrer Kreativität keinerlei Grenzen gesetzt.

Entdecken Sie in diesem Kapitel gesunde vegetarische Dips und Aufstriche, die nicht nur großartig schmecken, sondern auch richtig viel Abwechslung auf Ihren Tisch bringen!

Viel Freude beim Nachkochen!

121. Herbstlicher Aufstrich

Kalorien: 482 kcal | Fett: 12 g | Kohlenhydrate: 75 g | Eiweiß: 5 g

Zubereitungszeit: **25 min**
Portionen: **2 Gläser**
Schwierigkeit: **leicht**

Zutaten:

- 2 TL gemahlener Ingwer
- 150 g getrocknete, entsteinte Pflaumen
- 2 EL Agavendicksaft
- 30 g Walnusskernhälften
- 150 ml Reisdrink, ungesüßt
- 2 Birnen

Zubereitung:

1. Für den Aufstrich zuerst die Gläser mit Spülmittel gründlich auswaschen. Anschließend etwas austrocknen lassen.
2. In der Zwischenzeit die Pflaumen klein schneiden. Die Walnusskerne klein hacken.
3. Die Birnen ebenfalls waschen und klein schneiden. Anschließend noch in Raspeln schneiden.
4. Geben Sie den Reisdrink zusammen mit den Pflaumen und den Birnen in einen Kochtopf. Die Masse nun für 10 Minuten köcheln lassen. Nach und nach noch die Walnusskerne untermischen.
5. Den Topf von der Kochstelle nehmen und für 5 Minuten auskühlen lassen. Füllen Sie den Aufstrich nun in Gläser. Im Kühlschrank hält er sich einige Tage frisch.

122. Mediterrane Veggie-Creme

Kalorien: 48 kcal | Fett: 2 g | Kohlenhydrate: 4 g | Eiweiß: 1 g

Zubereitungszeit: 15 min
Portionen: 8-10
Schwierigkeit: leicht

Zutaten:

- Meersalz, Pfeffer
- 2 Auberginen
- 2 EL Ahornsirup
- 2 Knoblauchzehen
- 2 EL Saft einer Bio-Zitrone

Zubereitung:

1. Waschen Sie die Auberginen gründlich ab. Stechen Sie mit einer Gabel die Auberginen mehrmals von allen Seiten ein. Legen Sie ein Backblech mit Alufolie aus und legen die Auberginen darauf.
2. Backen Sie die Auberginen im Ofen 30 Minuten lang bei 250 Grad.
3. Die fertigen Auberginen für 45 Minuten erkalten lassen.
4. Anschließend die Schale lösen und das Fruchtfleisch in Würfel schneiden. Geben Sie die Auberginen nun in eine Küchenmaschine und pürieren zu einer feinen Creme. Den Knoblauch, den Zitronensaft, das Olivenöl, den Thymian und den Pfeffer hinzugeben. Alles miteinander vermengen und bei Raumtemperatur langsam durchstarten.

123. Frühlingsquark mit Gurke

Kalorien: 77 kcal | Fett: 4 g | Kohlenhydrate: 2 g | Eiweiß: 4 g

Zubereitungszeit: **25 min**
Portionen: **6**
Schwierigkeit: **leicht**

Zutaten:

- 1 ½ TL Kümmelsamen
- 500 g Soja-Joghurt
- 1 Bio-Gurke
- ½ TL Kräutersalz
- 25 g gehackte Walnusskerne
- ½ Bund Dill, gehackt

Zubereitung:

1. Geben Sie in ein Sieb ein Küchentuch. Den Joghurt hineingeben und im Kühlschrank über Nacht abtropfen lassen.
2. Am nächsten Tag die Gurke waschen und raspeln. Etwas Salz mit der Gurke vermengen und 20 Minuten ziehen lassen.
3. Rösten Sie die Walnusskerne in einer Pfanne ohne Fettzugabe an.
4. Geben Sie nun die Gurke unter den Soja-Joghurt. Den Schwarzkümmel, den Dill, die Nusskerne und Pfeffer und Salz hinzugeben und abschmecken. Nochmals kurz 30 Minuten ziehen lassen.
5. Den Quark bei Bedarf noch mit etwas Kräutern bestreuen und servieren.

124. Tomaten-Kräuter-Dip

Kalorien: 604 kcal | Fett: 39 g | Kohlenhydrate: 37 g | Eiweiß: 19 g

Zubereitungszeit: 20 min
Portionen: 2 Gläser
Schwierigkeit: leicht

Zutaten:

- Kräutersalz, Pfeffer
- 1 Bund gehackte Petersilie
- 200 g Doppelrahm-Frischkäse
- 50 g getrocknete Tomaten in Öl
- 1 EL Öl (von den getrockneten Tomaten)
- 200 ml Tomatensaft
- 100 ml Gemüsebrühe
- 1 weiße Zwiebel
- 1 Knoblauchzehe
- 75 g Grünkernschrot

Zubereitung:

1. Lassen Sie zuerst die Tomaten in einem Sieb abtropfen. Fangen Sie dabei das Öl auf und nehmen hierfür 1 EL weg. Schneiden Sie die Tomaten anschließend klein.
2. Schälen Sie den Knoblauch und die Zwiebel und schneiden sie in Würfel. Das Tomatenöl in einem Topf erhitzen und den Knoblauch, die Zwiebeln und die Tomatenwürfel andünsten.
3. Den Grünkernschrot hinzugeben und mit der Gemüsebrühe und dem Tomatensaft ablöschen. Alles bei geringer Hitze für 10 Minuten köcheln lassen.
4. Nehmen Sie den Topf von der Kochstelle. Die Tomaten-Creme mit Pfeffer und Salz nach Belieben würzen und für 1 Stunde abkühlen lassen.
5. Rühren Sie den Frischkäse unter die Tomaten-Creme und würzen nochmals nach Belieben mit Pfeffer und Salz ab. Die Petersilie untermischen und alles gründlich vermengen. Füllen Sie den Dip nun in Schraubgläser und lassen ihn im Kühlschrank aufbewahrt stehen.

Tipp: Dieser leckere Aufstrich eignet sich wunderbar zum Kochen von Gratins oder Gerichten. Auch als herzhafter Aufstrich ist er ein super Start in den Tag.

125. Bayerische Radieschen-Creme

Kalorien: 396 kcal | Fett: 24 g | Kohlenhydrate: 27 g | Eiweiß: 14 g

Zubereitungszeit: **15 min**
Portionen: **4**
Schwierigkeit: **leicht**

Zutaten:

- 1 Bund Radieschen
- 2 Frühlingszwiebeln
- Pfeffer, Paprikapulver, Kräutersalz
- 1 Kästchen Kresse
- 125 g Frischkäse
- 200 g Camembert

Zubereitung:

1. Die Radieschen waschen und klein schneiden. Die Frühlingszwiebeln waschen und in Ringe schneiden. Die Kresse vom Beet lösen, waschen und klein schneiden.
2. Den Camembert als nächstes zerkleinern und mit dem Frischkäse vermengen. Alles mit einer Gabel zerdrücken.
3. Geben Sie die Radieschen, die Frühlingszwiebeln und die Hälfte der Kresse zu dem Frischkäse-Aufstrich. Alles gründlich vermengen und nach Ihrem Geschmack mit Paprikapulver, Pfeffer und Salz würzen. Die restliche Kresse darüber geben und servieren.

126. Knoblauch-Zucchini-Dip

Kalorien: 81 kcal | Fett: 5 g | Kohlenhydrate: 4 g | Eiweiß: 2 g

Zubereitungszeit: **15 min**
Portionen: **4**
Schwierigkeit: **leicht**

Zutaten:

- ½ TL Pfefferkörner
- 300 g Zucchini
- 100 g rote Zwiebeln
- Meersalz, Pfeffer
- 1 EL Zitronensaft
- 2 Knoblauchzehen
- 3 EL Naturjoghurt
- 1 EL Olivenöl
- 1 Bund Petersilie

Zubereitung:

1. Waschen Sie in einem ersten Schritt die Zucchini. Anschließend fein raspeln und mit Pfeffer und Salz würzen. Lassen Sie die Zucchini 5 Minuten durchziehen.
2. In der Zwischenzeit den Knoblauch und die Zwiebel schälen und in Würfel schneiden.
3. Erhitzen Sie das Olivenöl in einer Pfanne und dünsten darin die Knoblauch- und Zwiebelwürfel an. Die Zucchini hinzugeben und bei moderater Hitzezufuhr 15 Minuten köcheln lassen.
4. Waschen Sie die Petersilie und schneiden sie klein.
5. Lassen Sie die Zucchini-Mischung abkühlen und geben dann den Naturjoghurt und die Petersilie hinzu. Den Zitronensaft hinzugeben und mit den Pfefferkörnern, Salz und Pfeffer würzen. Den Aufstrich in ein Schraubglas füllen und kühl aufbewahren.

Tipp: Sie können anstelle der Zucchini auch Brokkoli oder Kürbis verwenden.

127. Feigen-Aufstrich

Kalorien: 390 kcal | Fett: 10 g | Kohlenhydrate: 58 g | Eiweiß: 15 g

Zubereitungszeit: **15 min**
Portionen: **4**
Schwierigkeit: **leicht**

Zutaten:

- 100 g Naturjoghurt
- 6 Soft-Feigen
- 5 EL Apfelsaft
- ½ Bund Schnittlauch
- 100 g Roquefort

Zubereitung:

1. Schneiden Sie zuerst die Feigen klein. Den Naturjoghurt mit den Feigen vermengen und für 2 Stunden quellen lassen.
2. Anschließend den Feigen-Joghurt mit dem Apfelsaft und dem Roquefort vermengen und zu einer Creme pürieren.
3. Waschen Sie den Schnittlauch und schneiden ihn in Röllchen. Geben Sie den Schnittlauch unter die Feigen-Creme und verrühren alles miteinander.
4. Füllen Sie den Dip in ein Schraubglas und bewahren ihn im Kühlschrank auf.

Tipp: Diesen Aufstrich können Sie wunderbar mit etwas Vollkornbrot genießen.

128. Sesam-Tomaten-Dip

Kalorien: 55 kcal | Fett: 4 g | Kohlenhydrate: 1 g | Eiweiß: 2 g

Zubereitungszeit: **15 min**
Portionen: **10**
Schwierigkeit: **leicht**

Zutaten:

- 1 EL Zitronensaft
- 4 Strauchtomaten
- 1 EL Olivenöl
- 1 rote Zwiebel
- Pfeffer, Meersalz
- 16 Blätter Liebstöckel
- 2 EL geschroteter, gerösteter Sesam
- 5 EL geschrotete Leinsamen

Zubereitung:

1. Waschen Sie zuerst die Tomaten, entfernen den Stiel und schneiden sie klein. Die Zwiebel schälen und in Würfel schneiden.
2. Erhitzen Sie in einer Pfanne das Olivenöl und dünsten die Zwiebel glasig an. Geben Sie die Tomaten hinzu.
3. Waschen Sie den Liebstöckel und hacken ihn etwas klein.
4. Vermengen Sie den Zitronensaft als nächstes mit dem Liebstöckel, dem Sesam und den Leinsamen. Geben Sie die Tomaten-Zwiebel-Mischung hinzu und pürieren alles zu einer Creme.
5. Den Dip nun nach Belieben pfeffern und salzen und im Kühlschrank aufbewahren.

129. Avocado-Kichererbsen-Creme

Kalorien: 187 kcal | Fett: 12 g | Kohlenhydrate: 12 g | Eiweiß: 5 g

Zubereitungszeit: 10 min
Portionen: 4
Schwierigkeit: leicht

Zutaten:

- 1 TL Tahin (Sesampaste)
- 1 Dose Kichererbsen
- 3 TL Olivenöl
- Pfeffer, Meersalz
- 2 Avocados
- Saft ½ Bio-Limette
- 1 Knoblauchzehe

Zubereitung:

1. Die Kichererbsen in einem ersten Schritt abgießen.
2. Schälen Sie den Knoblauch und hacken diesen klein. Die Avocado halbieren, den Kern entfernen und das Fruchtfleisch klein schneiden.
3. Geben Sie nun die Kichererbsen, das Öl, den Limettensaft und den Knoblauch in eine Küchenmaschine und pürieren alles. Die Avocados hinzugeben und nochmals kurz pürieren.
4. Füllen Sie Ihren Dip nun in ein Schraubglas und bewahren sie im Kühlschrank auf.

130. Frisches Herbst-Pesto mit Kürbis

Kalorien: 436 kcal | Fett: 43 g | Kohlenhydrate: 5 g | Eiweiß: 8 g

Zubereitungszeit: **15 min**
Portionen: **6**
Schwierigkeit: **leicht**

Zutaten:

- Meersalz, Pfeffer
- 300 g Hokkaido-Kürbis
- 80 g geriebener Parmesan
- 2 EL Rapsöl
- 1 Knoblauchzehen
- 200 ml Olivenöl
- 60 g Kürbiskerne

Zubereitung:

1. Waschen Sie zuerst den Kürbis. Entfernen Sie die Kerne und schneiden das Fruchtfleisch in Würfel.
2. Erhitzen Sie in einer Pfanne das Rapsöl und dünsten den Kürbis 10 Minuten an.
3. In einer Pfanne ohne eine Fettzugabe nun die Kürbiskerne rösten. Schälen Sie den Knoblauch und schneiden ihn in Würfel.
4. Geben Sie den Knoblauch zum Kürbis in die Pfanne und dünsten diesen kurz mit.
5. Vermengen Sie in einer Schüssel die Kürbiskerne, den Knoblauch, den Parmesan und den Kürbis miteinander. Das Olivenöl hinzugeben und in einer Küchenmaschine pürieren. Würzen Sie das Pesto nach Belieben mit Pfeffer und Salz.

131. Selbstgemachte Schokoladen-Creme

Kalorien: 706 kcal | Fett: 55 g | Kohlenhydrate: 43 g | Eiweiß: 13 g

Zubereitungszeit: 15 min
Portionen: 1 Glas
Schwierigkeit: leicht

Zutaten:

- 200 g Haselnüsse
- 150 g Vollmilchschokolade
- 150 ml frische Bio-Milch (1,5 %)
- 1 Pkg. Vanillezucker
- Etwas Salz
- 50 g Butter
- 50 g Rohrzucker

Zubereitung:

1. Geben Sie die Haselnüsse zuerst auf ein mit Backpapier ausgelegtes Backblech und rösten sie bei 180 Grad für 10 Minuten. Anschließend auf ein Küchenpapier legen und die Schale entfernen.
2. Die Nüsse in einem nächsten Schritt in einen Multi-Zerkleinerer geben und klein hacken.
3. Vermengen Sie den Zucker mit der Milch, dem Vanillezucker und etwas Salz. Geben Sie alles in einen Topf und erhitzen die Milch-Mischung. Die Butter untermengen. Zerkleinern Sie die Schokolade etwas und geben Sie ebenfalls in den Topf. Unter ständigem Rühren alles solange erhitzen, bis die Schokolade geschmolzen ist.
4. Geben Sie zum Schluss noch die Nüsse hinzu. Alles miteinander verrühren und nach der Erkaltungszeit in ein Schraubglas füllen.

132. Sommerliche Blaubeeren-Marmelade

Kalorien: 241 kcal | Fett: 1 g | Kohlenhydrate: 50 g | Eiweiß: 1 g

---

Zubereitungszeit: 20 min
Portionen: 8
Schwierigkeit: leicht

Zutaten:

- 1 Bio-Zitrone
- 900 g Heidelbeeren
- 350 g Rohrzucker

Zubereitung:

1. Für die Marmelade zuerst die Heidelbeeren abwaschen. Geben Sie die Beeren nun zusammen mit dem Zucker in einen Topf und erhitzen diesen.
2. Die Zitrone halbieren und den Saft in den Topf pressen. Lassen Sie die Marmelade nun für 15 Minuten bei mittlerer Hitzezufuhr köcheln.
3. Stellen Sie anschließend zwei Einmachgläser auf ein Geschirrtuch. Füllen Sie die Marmelade hinein und drehen die Gläser fest zu. Anschließend auf den Kopf stellen und kühl lagern.

Tipp: Die frische Frucht-Marmelade hält sich gekühlt und ungeöffnet ungefähr 12 Monate. Sie können auch noch etwas Zimt hinzugeben um eine andere Geschmacksnote zu erreichen.

133. Herzhafter Schnittlauch-Aufstrich

Kalorien: 411 kcal | Fett: 30 g | Kohlenhydrate: 21 g | Eiweiß: 15 g

Zubereitungszeit: **15 min**
Portionen: **1 Glas**
Schwierigkeit: **leicht**

Zutaten:

- 5 Stiele Schnittlauch
- 250 g Cashewkerne
- 3 Stiele Petersilie
- 3 EL Apfelessig
- Pfeffer, Meersalz
- 2 EL Zitronensaft

Zubereitung:

1. Lassen Sie die Cashewkerne 5 Stunden im Wasser einweichen.
2. Anschließend die Cashewkerne abgießen und mit Zitronensaft, Apfelessig und 80 ml Wasser in einen Multi-Zerkleinerer geben. Pürieren Sie alles zu einer feinen Creme.
3. Waschen Sie die Petersilie und den Schnittlauch und hacken beides klein. Geben Sie die Kräuter nun zu dem Cashew-Mus hinzu und vermischen alles miteinander.
4. Füllen Sie den Aufstrich nun in ein Glas und bewahren ihn kühl und trocken auf.

134. Gesunde Kürbis-Konfitüre

Kalorien: 479 kcal | Fett: 1 g | Kohlenhydrate: 115 g | Eiweiß: 3 g

Zubereitungszeit: 20 min
Portionen: 4 Gläser
Schwierigkeit: leicht

Zutaten:

- ½ TL Lebküchengewürz
- 750 g Hokkaido-Kürbis
- 350 g Gelierzucker
- 1 Bio-Zitrone
- 1 Bio-Orange
- 250 ml Orangensaft
- 40 g Ingwer
- 1 Vanilleschote

Zubereitung:

1. Waschen Sie zuerst den Kürbis, die Orange und die Zitrone. Den Kürbis halbieren, die Kerne entfernen und in kleine Stücke schneiden. Reiben Sie jeweils von der Orange und der Zitrone die Schale ab und pressen den Saft aus.
2. Geben Sie nun den Kürbis, die Zitronen- und Orangenschale in einen Topf.
3. Die Vanilleschote einschneiden und das Mark herausholen. Anschließend zu dem Kürbis in den Topf geben.
4. Den Ingwer schälen und fein reiben. Geben Sie den Ingwer ebenfalls in den Topf zusammen mit dem Orangensaft. Bringen Sie alles für 20 Minuten zum Kochen.
5. Anschließend können Sie die Konfitüre pürieren.
6. Geben Sie den Gelierzucker und das Lebküchengewürz hinzu und schmecken alles nach Belieben ab. Lassen Sie die Marmelade nochmals 3 Minuten kräftig aufkochen.
7. Sie können nun kurz testen, ob die Marmelade eine gute Konsistenz hat, indem Sie einen Teelöffel auf einen Teller geben. Warten Sie ein paar Minuten und sobald die Konfitüre fest wird, können Sie die übrigen in Marmeladengläser füllen und diese verschließen. Stellen Sie die Gläser für 5 Minuten auf den Kopf.
8. Falls die Konfitüre nicht fest genug ist, können Sie diese noch ein paar Minuten kochen lassen und anschließend erst in Gläser füllen.

135. Herbstliche Zimt-Pflaumen-Konfitüre

Kalorien: 271 kcal | Fett: 1 g | Kohlenhydrate: 54 g | Eiweiß: 1 g

Zubereitungszeit: **20 min**
Portionen: **8**
Schwierigkeit: **leicht**

Zutaten:

- 1 Bio-Zitrone
- 900 g Pflaumen
- 350 g Rohrzucker
- ½ TL Ceylon-Zimt

Zubereitung:

1. Waschen Sie zuerst die frischen Pflaumen. Anschließend halbieren und den Kern entfernen. Geben Sie die Pflaumen nun zusammen mit dem Zucker in einen Topf und erhitzen diesen.
2. Die Zitrone halbieren und den Saft in den Topf pressen. Geben Sie noch den Zimt hinzu und verrühren alles miteinander.
3. Lassen Sie die Marmelade nun für 15 Minuten bei mittlerer Hitzezufuhr köcheln.
4. Sobald die Pflaumen fertig sind, können Sie diese pürieren.
5. Stellen Sie anschließend zwei Einmachgläser auf ein Geschirrtuch. Füllen Sie die Pflaumen-Konfitüre hinein und drehen die Gläser fest zu. Anschließend auf den Kopf stellen und kühl lagern.

Tipp: Die frische Frucht-Marmelade hält sich gekühlt und ungeöffnet ungefähr 12 Monate.

Desserts & Süßes

Auch im Rahmen der vegetarischen Ernährung darf ein süßes Finale nicht fehlen!
Bestimmt kennen auch Sie den Ausspruch aus Kindertagen: Nachtisch, das geht immer!
Quark, Joghurt, Cremes, Sorbets und Küchlein werden mit Zutaten wie Mandeln oder Früchten zu unvergleichlich leckeren Desserts.

Gönnen Sie sich und Ihren Lieben nach vegetarischen Hautgerichten geschmackvolle Desserts oder lassen Sie Süßspeisen einfach auf Ihrer Zunge zergehen.
Sie können hierfür auch unter verschiedenen Süßungsmitteln wählen: So gestalten Sie Dessertmahlzeiten nicht nur abwechslungsreich, sondern auch sehr gesund.

Jeder von uns liebt vermutlich den süßen Geschmack von Speisen, doch es sollte immer mit Verstand gesüßt werden. Die Zuckermenge ist also entscheidend wichtig. Das Motto ist: Je weniger, desto besser, denn zu viel Zucker ist ein gefährlicher Wegebereiter für viele Krankheiten und kann die Vorteile der vegetarischen Ernährung schnell wirkungslos machen. Greifen Sie anstatt zu herkömmlichem Haushaltszucker lieber zu Trockenfrüchten, Kokosblütenzucker, Stevia, Honig oder Dicksäften.

Auch Roh-Rohrzucker und Voll-Rohrzucker sind gute Alternativen. Sie unterscheiden sich vom verarbeiteten Zucker nicht hinsichtlich des Kaloriengehalts, wohl aber in puncto Verarbeitungsgrad. Voll-Rohrzucker besteht zu 95 % aus dem Zuckerrohr und ist nicht so süß wie Zucker! Roh-Rohrzucker hat eine leichte Karamell-Note und passt somit ideal in die gesunde, zuckerbewusste vegetarische süße Küche!

Viel Freude beim Genießen!

136. Süße Zimt-Kreation mit frischen Äpfeln

Kalorien: 377 kcal | Fett: 20 g | Kohlenhydrate: 40 g | Eiweiß: 3 g

Zubereitungszeit: **20 min**
Portionen: **4**
Schwierigkeit: **leicht**

Zutaten:

- 2 TL flüssiger Bio-Waldhonig
- 80 g weiche Butter
- 4 TL griechischer Joghurt
- 2 TL Rohrzucker
- 4 Scheiben Rosinenstuten
- 1 TL Ceylon-Zimt
- 4 Bio-Äpfel
- 4 TL Studentenfutter

Zubereitung:

1. Heizen Sie zuerst den Backofengrill auf 240 Grad vor.
2. Erhitzen Sie die Butter in einem Topf. Anschließend von der Kochstelle nehmen und den Zimt und den Zucker hineingeben. Das Studentenfutter etwas klein hacken.
3. Waschen Sie die Äpfel und entfernen das Kerngehäuse mit einem Ausstecher. Anschließend in Scheiben schneiden. Legen Sie den Rosinenstuten auf ein Backblech. Die Äpfel darauf verteilen und von beiden Seiten mit der zerlassenen Butter bestreichen.
4. Geben Sie das Backblech in den Ofen und grillen das Brot für 4 Minuten von beiden Seiten.
5. Nehmen Sie die Apfel-Rosinen-Scheiben aus dem Ofen. Geben Sie den Zimt-Zucker darüber und grillen nochmals alles 1 Minute lang.
6. Alles aus dem Ofen nehmen und auf Tellern verteilen. Bestreichen Sie jede Scheibe mit 1 EL Joghurt und legen das Studentenfutter darüber. Den Honig darauf verteilen und servieren.

137. Cremige Heidelbeer-Mousse

Kalorien: 122 kcal | Fett: 5 g | Kohlenhydrate: 6 g | Eiweiß: 8 g

Zubereitungszeit: 15 min
Portionen: 4
Schwierigkeit: leicht

Zutaten:

- 1 EL gehackte Pistazien
- 250 g Heidelbeeren
- 1 EL Zitronensaft
- 400 g Seidentofu
- 150 g Soja-Joghurt

Zubereitung:

1. Waschen Sie zuerst die Heidelbeeren. Legen Sie hierfür ein paar zur Seite.
2. Geben Sie die übrigen Heidelbeeren in eine Schüssel. Den Tofu und den Joghurt hinzugeben und alles vermengen. Den Zitronensaft zu der Creme geben und mit einem Pürierstab zu einer Mousse pürieren.
3. Verteilen Sie die Mousse nun auf 4 Dessertschalen. Stellen Sie diese für mindestens 60 Minuten in den Kühlschrank.
4. Kurz vor dem Servieren die Creme herausnehmen, mit den übrigen Heidelbeeren und Pistazien garnieren und genießen.

Tipp: Probieren Sie dieses leckere Dessert auch einmal mit Kokos-Joghurt und anderen Früchten wie Mango oder Ananas.

138. Frozen Ice-Creme

Kalorien: 302 kcal | Fett: 13 g | Kohlenhydrate: 37 g | Eiweiß: 5 g

Zubereitungszeit: **20 min**
Portionen: **4**
Schwierigkeit: **leicht**

Zutaten:

- 2 TL Zitronensaft
- 500 g griechischer Joghurt
- 1 Prise Salz
- 1 Pkg. Sahnesteif
- 150 g fettarmer Joghurt (0,1 %)
- 1 Pkg. Vanillezucker
- 70 g Agavendicksaft
- 70 g Florentiner
- 150 g Kirsch-Fruchtaufstrich

Zubereitung:

1. Geben Sie beide Joghurts in eine gefriergeeignete Form. Den Agavendicksaft hinzugeben und mit einem Schneebesen verrühren. In einer Schüssel Sahnesteif, Vanillezucker und Salz vermengen und unter die Joghurt-Masse rühren. Den Zitronensaft hinzugeben und alles abschmecken.
2. Lassen Sie nun die Creme für 4 Stunden im Gefrierfach. Rühren Sie währenddessen 4 Mal um.
3. Für das Topping die Florentiner zerbröseln und mit dem Kirsch-Aufstrich vermengen.
4. Geben Sie das Eis nun in eine Schüssel und pürieren es cremig. In einen Spritzbeutel füllen und auf Dessertschalen anrichten. Die Florentiner-Kirsch-Masse darüber geben und servieren.

139. Süßer Mandeltraum aus dem Ofen

Kalorien: 465 kcal | Fett: 29 g | Kohlenhydrate: 29 g | Eiweiß: 16 g

Zubereitungszeit: 20 min
Portionen: 4
Schwierigkeit: leicht

Zutaten:

- 2 EL gehackte Mandeln
- 250 g Speisequark (Magerstufe)
- 500 g kernlose Weintrauben
- 2 frische Bio-Eigelb
- 100 g gemahlene Mandeln
- 3 EL Ahornsirup
- Etwas Pflanzenfett für die Form

Zubereitung:

1. Fetten Sie zuerst eine Auflaufform ein. Den Backofen auf 180 Grad vorheizen.
2. Geben Sie den Quark zusammen mit den Mandeln, dem Ahornsirup und den Eigelben in eine Schüssel. Alles miteinander verrühren.
3. Waschen Sie die Weintrauben gründlich ab.
4. Die Mandel-Quark-Masse in eine Auflaufform geben und verstreichen. Die Weintrauben darüberlegen und mit den Mandeln bestreuen.
5. Backen Sie das süße Dessert nun im Ofen für 30 Minuten.
6. Anschließend aus dem Ofen nehmen und genießen.

Tipp: Anstelle der Weintrauben können Sie auch Kirschen oder Heidelbeeren verwenden. Das schmeckt nicht nur unglaublich lecker, sondern bringt auch immer wieder Abwechslung in den Speiseplan.

140. Herbstliches Maroni-Dessert

Kalorien: 346 kcal | Fett: 11 g | Kohlenhydrate: 48 g | Eiweiß: 3 g

Zubereitungszeit: 20 min
Portionen: 4
Schwierigkeit: leicht

Zutaten:

- 125 g abgetropfte Preiselbeeren
- 280 g abgetropfte Maronen (vorgegart)
- 125 g Schlagsahne
- 6 EL Orangensaft
- 4 EL Ahornsirup

Zubereitung:

1. Geben Sie die Maronen zuerst in eine Rührschüssel. Den Orangensaft hinzugeben und mit einem Pürierstab zu einer Creme verarbeiten.
2. Formen Sie aus dem Püree nun mit 2 Esslöffeln Nocken. Legen Sie je 2 Nocken auf einen Teller.
3. Die Sahne nun steif schlagen und zu den Maronen-Nocken geben. Die Preiselbeeren darüber geben und servieren.

141. Buttermilch-Muffins mit Möhren

Kalorien: 171 kcal | Fett: 6 g | Kohlenhydrate: 20 g | Eiweiß: 6 g

Zubereitungszeit: 20 min
Portionen: 12 Muffins
Schwierigkeit: leicht

Zutaten:

- 125 g reine Buttermilch
- 300 g Möhren
- ½ TL Ceylon-Zimt
- 4 frische Bio-Eier
- 125 g Rohrzucker
- 1 Pkg. Backpulver
- 75 g Walnusskerne
- 1 EL Zitronensaft
- 150 g Dinkelmehl

Zubereitung:

1. Zuerst die Möhren waschen, schälen und raspeln. Trennen Sie die Eier. Die Eigelbe mit dem Zucker schaumig schlagen und die Eiweiße steif schlagen.
2. Hacken Sie die Walnüsse und vermengen sie mit dem Zitronensaft, dem Zimt, dem Mehl und der Buttermilch. Geben Sie diese Masse nun zu den Eigelben hinzu und vermengen alles gründlich.
3. Die Möhrenraspeln untermischen. Das steife Eiweiß ebenfalls vorsichtig unter den Teig mischen und in Muffin-Förmchen verteilen.
4. Backen Sie die Muffins nun bei 180 Grad für 25 Minuten. Anschließend herausnehmen, auskühlen lassen und servieren.

142. Zimt-Apfelringe

Kalorien: 415 kcal | Fett: 30 g | Kohlenhydrate: 26 g | Eiweiß: 9 g

Zubereitungszeit: **10 min**
Portionen: **2**
Schwierigkeit: **leicht**

Zutaten:

- 2 EL Rosinen
- 2 Äpfel
- ½ TL Ceylon-Zimt
- 4 EL weißes Mandelmus
- 2 EL Mandelblättchen

Zubereitung:

1. Die Äpfel zuerst waschen und das Kerngehäuse mit einem Ausstecher entfernen. Schneiden Sie die Äpfel nun in Ringe.
2. Verteilen Sie als nächstes das Mandelmus auf den Apfelringen.
3. Rösten Sie die Mandelblättchen in einer Pfanne ohne eine Fettzugabe für 3 Minuten anschließend zusammen mit den Rosinen auf den Apfelringen verteilen.
4. Geben Sie zum Schluss noch das Zimtpulver darüber und genießen Ihren Snack.

143. Vanille-Kokos-Bällchen

Kalorien: 205 kcal | Fett: 17 g | Kohlenhydrate: 8 g | Eiweiß: 4 g

Zubereitungszeit: **10 min**
Portionen: **6 Stück**
Schwierigkeit: **leicht**

Zutaten:

- 1 Msp. gemahlene Vanille
- 70 g Kokosöl
- 1 Prise Ceylon-Zimt
- 80 g Kichererbsen Mehl
- 20 g Kokosraspeln
- 20 g gehackte Mandeln

Zubereitung:

1. Erhitzen das Kokosöl in einem Topf. Geben Sie das Mehl hinein und rösten es für 3 Minuten an.
2. Die Mandeln, die Kokosraspeln, die Vanille und das Zimtpulver hineingeben und alles miteinander vermengen.
3. Formen Sie aus dem Teig nun 6 Bällchen. Anschließend im Kühlschrank bis zum Servieren aufbewahren.

144. Geröstete Mandeln mit Vanille-Note

Kalorien: 200 kcal | Fett: 18 g | Kohlenhydrate: 1 g | Eiweiß: 6 g

Zubereitungszeit: **10 min**
Portionen: **2**
Schwierigkeit: **leicht**

Zutaten:

- 1 Prise Ceylon-Zimt
- 1 EL Kokosöl
- 1 TL gemahlene Vanille
- 50 g Mandeln

Zubereitung:

1. Erhitzen Sie das Kokosöl in einer Pfanne und rösten darin die Mandeln für 3 Minuten an. Zwischendurch immer wieder etwas wenden, damit sie nicht anbrennen.
2. Geben Sie den Zimt und die Vanille darüber und rösten auch das kurz mit an. Anschließend auf einem Backblech auskühlen lassen und genießen.

145. Vegetarische Mini-Schokoladen-Küchlein

Kalorien: 95 kcal | Fett: 5 g | Kohlenhydrate: 5 g | Eiweiß: 3 g

Zubereitungszeit: **25 min**
Portionen: **15 Stück**
Schwierigkeit: **leicht**

Zutaten:

- 60 g gemahlene Mandeln
- 6 entsteinte Datteln
- 4 frische Bio-Eier
- 300 g Süßkartoffeln
- 30 g Rohkakao
- 30 g Kokosöl
- ½ TL Ceylon-Zimt
- 1 Msp. gemahlene Vanille
- Etwas Meersalz

Zubereitung:

1. Lassen Sie die Datteln am besten über Nacht im Wasser einweichen. Am nächsten Tag abgießen und abtropfen lassen.
2. Schälen Sie die Süßkartoffeln. Anschließend waschen und klein schneiden. Blanchieren Sie die Süßkartoffeln für 10 Minuten in etwas kochendem Wasser. Anschließend abgießen.
3. Erhitzen Sie in einem separaten Topf das Kokosöl.
4. Pürieren Sie die Süßkartoffeln zusammen mit den Datteln. Geben Sie noch 1 Prise Salz, das Zimtpulver, die Vanille und den Kakao hinzu. Das Kokosöl über den Teig geben. Die Eier und die Mandeln ebenfalls zum Teig geben und alles miteinander verrühren.
5. Füllen Sie den Teig nun in eine Brownie-Form oder eine beliebige Kuchenform. Den Kuchen bei 175 Grad für 45 Minuten backen.
6. Anschließend aus dem Ofen nehmen, in Stücke schneiden und genießen.

146. Joghurt-Berry-Muffins

Kalorien: 195 kcal | Fett: 8 g | Kohlenhydrate: 22 g | Eiweiß: 6 g

Zubereitungszeit: **25 min**
Portionen: **12 Muffins**
Schwierigkeit: **leicht**

Zutaten:

- 240 g griechischer Joghurt
- 40 g Trockenpflaumen
- 2 frische Bio-Eier
- 50 g Kokosöl
- 1 TL Ceylon-Zimt
- 250 g Heidelbeeren
- Meersalz
- 240 g Vollkorn-Dinkelmehl
- 1 EL Backpulver
- 100 g Vollkorn-Haferflocken

Zubereitung:

1. Lassen Sie die Trockenpflaumen über Nacht in Wasser einweichen. Am nächsten Tag abgießen und dabei 80 ml Einweichflüssigkeit auffangen.
2. Geben Sie die Pflaumen und das Einweichwasser in einen Multi-Zerkleinerer und pürieren alles zu einem Püree.
3. Erwärmen Sie in einem Topf das Kokosöl.
4. Waschen Sie die Heidelbeeren.
5. Geben Sie nun die Haferflocken mit dem Mehl, dem Backpulver, dem Zimt und 1 Prise Salz in eine Rührschüssel. Alles miteinander vermengen. Mischen Sie hier nun das Pflaumenpüree, den Joghurt und die Eier unter. Das Kokosöl hinzugeben und alles mit dem Mixer zu einer geschmeidigen Konsistenz verarbeiten.
6. Heben Sie nun vorsichtig die Heidelbeeren unter und füllen Sie den Teig in Papier-Muffin-Förmchen oder ein gefettetes Muffin-Blech.
7. Im Ofen nun bei 175 Grad für 30 Minuten backen. Zum Schluss herausnehmen und genießen.

147. Do-it-yourself – Ananas-Kokos-Eis

Kalorien: 65 kcal | Fett: 4 g | Kohlenhydrate: 5 g | Eiweiß: 1 g

Zubereitungszeit: **10 min**
Portionen: **8**
Schwierigkeit: **leicht**

Zutaten:

- 150 g Kokosmilch
- 450 g Ananas
- 80 g Erdbeeren

Zubereitung:

1. Für das Eis zuerst die Enden der Ananas abschneiden, schälen und von den braunen Augen befreien. Schneiden Sie das Fruchtfleisch nun in Würfel.
2. Geben Sie die Kokosmilch und die Ananas-Würfel in einen Multi-Zerkleinerer und pürieren alles zu einer Creme. Füllen Sie das Ananas-Püree nun in Wasser-Eis-Förmchen (Posicles).
3. Die Erdbeeren waschen und mit 2 EL Wasser in den Multi-Zerkleinerer geben und auch pürieren. Geben Sie das Erdbeer-Püree nun zu dem Eis hinzu. Stecken Sie Holzstiele hinein und lassen das Eis für mindestens 4 Stunden gefrieren.
4. Anschließend herausnehmen und genießen.

Tipp: Falls Sie keine Eisförmchen haben, können Sie das Eis auch in eine Tupperdose übereinander füllen.

148. Sommerliches Erdbeer-Sorbet

Kalorien: 80 kcal | Fett: 1 g | Kohlenhydrate: 13 g | Eiweiß: 2 g

Zubereitungszeit: **10 min**
Portionen: **2**
Schwierigkeit: **leicht**

Zutaten:

- 1 Msp. gemahlene Vanille
- 4 Stängel Basilikum
- 1 EL Zitronensaft
- 400 g TK-Erdbeeren

Zubereitung:

1. Waschen Sie zuerst das Basilikum und geben es in eine Küchenmaschine.
2. Die gefroren Erdbeeren zusammen mit dem Zitronensaft, der Vanille und 100 ml Wasser ebenfalls hinzugeben und alles pürieren.
3. Füllen Sie das Sorbet in zwei Schüssel und genießen es sofort.

Tipp: Sie können das Sorbet auch mit anderen gefrorenen Früchten wie zum Beispiel Himbeeren oder Mango zubereiten.

149. Schicht-Heidelbeer-Dessert

Kalorien: 675 kcal | Fett: 47 g | Kohlenhydrate: 45 g | Eiweiß: 10 g

Zubereitungszeit: 15 min
Portionen: 2
Schwierigkeit: leicht

Zutaten:

- 2 EL Mandelblättchen
- 200 g Heidelbeeren
- 1 Msp. gemahlene Vanille
- 150 g Sahne
- 4 EL Kokosraspeln
- 300 g Naturjoghurt

Zubereitung:

1. Waschen Sie zuerst die Heidelbeeren und geben sie anschließend in einen Rührbecher. Pürieren Sie nun die Beeren zu einer Creme.
2. Schlagen Sie die Sahne steig und vermischen Sie mit dem Joghurt, der Vanille und den Kokosraspeln.
3. Geben Sie die Heidelbeeren und die Joghurt-Creme schichtweise in ein Dessertglas.
4. Rösten Sie die Mandelblättchen in einer Pfanne ohne Fettzugabe kurz an. Die gerösteten Mandeln über das Dessert geben und servieren.

150. Apfel-Zimt-Dessert

Kalorien: 330 kcal | Fett: 20 g | Kohlenhydrate: 27 g | Eiweiß: 8 g

Zubereitungszeit: 10 min
Portionen: 2
Schwierigkeit: leicht

Zutaten:

- 2 EL Mandelblättchen
- 300 g Apfel-Mark
- 300 g griechischer Joghurt
- 1 TL Ceylon-Zimt

Zubereitung:

1. Vermischen Sie zuerst das Zimtpulver mit dem Apfel-Mark.
2. Geben Sie nun den Joghurt abwechselnd mit dem Apfel-Mark in ein Dessertglas.
3. Rösten Sie die Mandelblättchen in einer Pfanne ohne Fettzugabe an. Zum Schluss die Mandeln über das Schicht-Dessert geben und servieren.

Abschließende Worte

An dieser Stelle möchten wir uns herzlich bei Ihnen bedanken, dass Sie das Interesse und die Zeit aufgebracht haben, dieses Buch zu lesen. Wir hoffen, dass Sie viele wertvolle Informationen für sich mitnehmen konnten und erkannt haben, wie gesund, geschmackvoll und vielseitig eine vegetarische Ernährungsweise doch sein kann. Dieses Ernährungskonzept hat Ihnen sehr viel zu bieten und verzichten müssen Sie garantiert auf nichts! Ebenso müssen Sie sich um Nährstoffdefizite keine Sorgen machen, solange Sie sich vielseitig und abwechslungsreich ernähren.

Durch alle Jahreszeiten hindurch, stehen Ihnen gesunde, aromatische und köstliche Lebensmittel zur Verfügung, mit denen Sie viele verschiedene vegetarische Gerichte zaubern können. Ganz egal ob Sie ein Fan der farbenfrohen Suppenküche sind, geschmackvolle Gemüsegerichte, Aufläufe und Gratins lieben oder auf der Suche nach großartigen Salatkreationen sind: Die vegetarische Ernährung bietet Ihnen ausreichend Spielraum. Nutzen Sie die Rezepte dieses Buches auch gerne als Inspirationsquelle und kreieren Sie auf dieser Grundlage Ihre eigenen Rezeptvariationen. Tauschen Sie die Zutaten so aus, wie es Ihnen und Ihren Lieben am besten schmeckt.

Wenn Ihnen dieses Buch gefallen hat, würden wir uns sehr über ein Feedback von Ihnen freuen. Bitte nehmen Sie sich nur 2 Minuten Zeit und hinterlassen unter **www.amazon.de/ryp** eine Rezension.

Ihr Feedback hilft uns künftig, noch zielgruppenspezifischere und noch wertvollere Inhalte zur Verfügung zu stellen. Gleichzeitig unterstützen Sie damit auch andere Leserinnen und Leser, auf unser Buch aufmerksam zu werden und Mehrwert für ihren Alltag daraus zu beziehen.

Vielen Dank für Ihre Zeit!

Falls Sie auf der Suche nach weiteren Rezeptbüchern mit vielen wertvollen Informationen und neuen Rezepten sind, dann werfen Sie doch einmal einen Blick in das Kapitel „Weitere Kochbücher der Autorinnen" am Ende des Buches. Vielleicht ist ein passendes Buch für Sie dabei!

BONUS: 14 Tage Ernährungsplan

Eine neue Ernährungsweise ist immer am einfachsten durchführbar, wenn Sie einen Plan haben, an den Sie sich täglich wieder neu orientieren können.
So ein Plan bietet zahlreiche Vorteile. Sie bekommen ein Rhythmus in die neue Ernährung und können anhand von den hier vorgegebenen Strukturen Ihren eigenen Plan mit der Zeit entwickeln. Dieser Plan geht über 14 Tage, kann aber beliebig oft von Ihnen wiederholt werden. Der Plan beinhaltet pro Tag jeweils ein Rezept für Frühstück, Mittag- und Abendessen, sowie einen Snack, welchen Sie zwischendurch zu sich nehmen können.

Vielleicht waren Sie auch schon neugierig und haben sich den Plan angesehen. Dann wird Ihnen vielleicht aufgefallen sein, dass Sie hier Rezepte aus diesem Buch wiederfinden. Sie können die Rezepte natürlich nach Ihrem eigenen Geschmack zusammenstellen. Sehen Sie den Plan also wie eine Art Gerüst, das Ihnen bei den ersten Schritten in der Küche hilft. Wir wünschen Ihnen viel Erfolg!

	FRÜHSTÜCK	MITTAGESSEN	ABENDESSEN	SNACK
TAG 1	Rezept Nr. 4	Rezept Nr. 18	Rezept Nr. 70	Rezept Nr. 120
TAG 2	Rezept Nr. 6	Rezept Nr. 16	Rezept Nr. 105	Rezept Nr. 117
TAG 3	Rezept Nr. 15	Rezept Nr. 32	Rezept Nr. 41	Rezept Nr. 108
TAG 4	Rezept Nr. 3	Rezept Nr. 28	Rezept Nr. 55	Rezept Nr. 142
TAG 5	Rezept Nr. 14	Rezept Nr. 30	Rezept Nr. 69	Rezept Nr. 112
TAG 6	Rezept Nr. 12	Rezept Nr. 19	Rezept Nr. 86	Rezept Nr. 109
TAG 7	Rezept Nr. 13	Rezept Nr. 21	Rezept Nr. 78	Rezept Nr. 110
TAG 8	Rezept Nr. 1	Rezept Nr. 59	Rezept Nr. 97	Rezept Nr. 113
TAG 9	Rezept Nr. 2	Rezept Nr. 84	Rezept Nr. 88	Rezept Nr. 111
TAG 10	Rezept Nr. 10	Rezept Nr. 81	Rezept Nr. 54	Rezept Nr. 150
TAG 11	Rezept Nr. 7	Rezept Nr. 67	Rezept Nr. 66	Rezept Nr. 137
TAG 12	Rezept Nr. 8	Rezept Nr. 57	Rezept Nr. 79	Rezept Nr. 119
TAG 13	Rezept Nr. 9	Rezept Nr. 37	Rezept Nr. 90	Rezept Nr. 116
TAG 14	Rezept Nr. 11	Rezept Nr. 48	Rezept Nr. 68	Rezept Nr. 148

BONUS: Rezeptvorlagen zum Ausfüllen

Sie finden hier mehrere Rezeptvorlagen, die Sie für Ihre kreativen Rezepte nutzen können. Tragen Sie doch einfach Ihr Lieblingsrezept hier ein oder wie wäre es mit Ihrer eigenen „geheimen" Rezeptvariation, damit Sie diese nicht mehr vergessen?

Ihrer Kreativität sind keine Grenzen gesetzt. Wir wünschen Ihnen ein gutes Gelingen, viel Freude beim Experimentieren und natürlich eine ganz besondere kulinarische Sammlung, nämlich Ihre eigene!

Rezept: ____________________

Zubereitungszeit: ____________ **Portionen:** ____

Zutaten:

-
-
-
-
-
-
-
-
-
-
-
-
-
-

Zubereitung:

Notizen:

Rezept: ______________________________

Zubereitungszeit: ____________ **Portionen:** ____

Zutaten:

- ____________
- ____________
- ____________
- ____________
- ____________
- ____________
- ____________
- ____________
- ____________
- ____________
- ____________
- ____________
- ____________
- ____________

Zubereitung:

____
____
____
____
____
____
____
____

Notizen:

____
____
____
____

Weitere Kochbücher der Autorinnen

Sind Sie auf der Suche nach **weiteren Rezeptbüchern** mit vielen wertvollen Informationen und neuen Rezepten? Dann empfehlen wir Ihnen auch unsere anderen Kochbücher! Tauchen Sie mit uns in die kulinarische Welt ein und entdecken Sie köstliche und gesunde Rezeptideen.

Unter jedem Taschenbuch finden Sie einen Link. Klicken Sie einfach auf diesen (beziehungsweise tippen Sie diesen in Ihren Browser ein), um direkt zur Verkaufsseite des Buches zu gelangen.

Eine gesunde, abwechslungsreiche und vor allem nähr- und vitalstoffreiche Ernährungsweise ist die absolute Basis für mehr Gesundheit und Wohlbefinden. Auch und gerade im Rahmen einer Intoleranz müssen die richtigen Ernährungsschwerpunkte gesetzt werden, damit zum einen der Körper ideal versorgt ist und zum anderen auch der Genuss nicht zu kurz kommt. Mit einem umfassenden Ernährungswissen und kreativen Rezepten sind Sie bestens für den Alltag gerüstet.

www.zumTb.de/b18

Ramen Kochbuch für Anfänger!: *150 schnelle & einfache Rezepte aus der japanischen Küche. Japanische Nudelsuppen einfach selber machen! Inkl. vegetarische & vegane Gerichte + Grundlagen zum Einstieg*

ISBN: 978-3949355035

www.zumTb.de/b15

Low Carb | Ketogene Ernährung: *300 leckere & gesunde Rezepte für eine erfolgreiche Low Carb- und Keto Diät! Das große 2 in 1 Kochbuch der Erfolgsdiäten. Inkl. ausführlichem Ratgeber + Nährwertangaben*

ISBN: 979-8581923290

www.zumTb.de/b14

Low Carb Kochbuch für Anfänger & Berufstätige!: *150 leckere Rezepte für eine gesunde Ernährung. Effektiv Fett verbrennen & abnehmen mit der Erfolgsdiät! Inkl. 14 Tage Ernährungsplan + Nährwertangaben*

ISBN: 979-8581001387

www.zumTb.de/b13

Ketogene Ernährung Kochbuch für Einsteiger und Berufstätige!: *150 leckere Rezepte für eine erfolgreiche Keto Diät. Schnell und gesund abnehmen mit Keto! Inkl. 14 Tage Ernährungsplan + Nährwertangaben*

ISBN: 979-8568997993

www.zumTb.de/b12

Vegetarisches & Veganes Kochbuch für Anfänger!: *300 Rezepte für eine gesunde vegetarische & vegane Ernährung. Das große 2 in 1 Buch für einen nachhaltigen Genuss ohne Fleisch! Mit großem Ratgeberteil*

ISBN: 979-8558318449

www.zumTb.de/b10

Mediterrane Küche Kochbuch – Schlemmen wie im Urlaub!: *150 leckere Rezepte für eine gesunde und ausgewogene Ernährung auf mediterrane Art. Inkl. Ernährungsratgeber zum Einstieg in die Mittelmeerküche*

ISBN: 979-8679573857

www.zumTb.de/b9

Histaminintoleranz Kochbuch für Anfänger!: *150 abwechslungsreiche & gesunde Rezepte für mehr Lebensqualität & Wohlbefinden bei Histaminintoleranz. Inkl. Ernährungsratgeber & 14 Tage Ernährungsplan*

ISBN: 979-8698997771

www.zumTb.de/b8

Natürlich Vegan! – Veganes Kochbuch für Anfänger: *150 vegane Rezepte für eine gesunde und ausgewogene Ernährung. Nachhaltiger Genuss ohne Fleisch! Inkl. großem Ratgeberteil und Ernährungsplan*

ISBN: 979-8590970902

www.zumTb.de/b7

Histaminintoleranz | Fructoseintoleranz | Glutenintoleranz: *450 gesunde Rezepte für mehr Genuss und Lebensfreude im Alltag! Das große 3 in 1 Kochbuch der Intoleranzen. Inkl. Ernährungsratgeber*

ISBN: 979-8650844068

www.zumTb.de/b6

Glutenfrei Kochbuch für Anfänger!: *150 glutenfreie Rezepte für eine gesunde Ernährung ohne Dinkel, Weizen & Co. Brot & Backwaren genussvoll selber backen! Inkl. Einstieg in die glutenfreie Ernährung*

ISBN: 979-8656809467

www.zumTb.de/b5

Gesunde Ernährung: *150 schnelle & einfache Rezepte für Berufstätige & Anfänger. Kochbuch zum Abnehmen für effektive Fettverbrennung. Inkl. ausführlichem Ratgeber zum Einstieg in die gesunde Ernährung*

ISBN: 979-8577113063

www.zumTb.de/b4

Gesunde Ernährung trotz Fructoseintoleranz!: *Kochbuch mit 150 gesunden & leckeren Rezepten für mehr Gesundheit & Wohlbefinden. Vitaminreicher Genuss trotz Unverträglichkeit! Inkl. Ernährungsratgeber*

ISBN: 978-1712452820

www.zumTb.de/b3

5-Elemente-Kochbuch für Anfänger!: *Gesund kochen nach der chinesischen Ernährungslehre mit 150 abwechslungsreichen & leckeren Rezepten. Inkl. Einführung in die Traditionelle Chinesische Medizin / TCM*

ISBN: 978-1702369374

www.zumTb.de/b2

Histaminintoleranz Kochbuch!: *150 leckere und gesunde Rezepte für mehr Gesundheit und Wohlbefinden. Vitaminreicher Genuss trotz Unverträglichkeit! Inkl. großem Ratgeberteil und Ernährungsplan*

ISBN: 978-3949355219

www.zumTb.de/b1

Natürlich Vegetarisch! – Vegetarisches Kochbuch für Anfänger: *150 vegetarische Rezepte für eine ausgewogene und gesunde Ernährung. Gesunder Genuss ohne Fleisch! Inkl. Ratgeber und Ernährungsplan*

ISBN: 978-3949355172

Notizen

Rechtliches

Urheberrecht

Impressum

Herausgeber:

Carsten Webermann
Zum Höst 9
26670 Uplengen
Deutschland
E-Mail: kontakt@kitchenchampions.de

Printed in Poland
by Amazon Fulfillment
Poland Sp. z o.o., Wrocław

91389544R00123